日経新聞を死ぬまで読んでも解らない金の値段の裏のウラ

鬼塚英昭

SEIKO SHOBO

◉目次

カバー写真◉Patrick Coughin（Getty Images）
装幀・本文DTP◉ホープカンパニー

日経新聞を死ぬまで読んでも解らない

金の値段の裏のウラ

日本人よ、金《きん》の世界のカラクリを知れ◉序として

この本は〈金《きん》の戦争〉、そしてその戦争によって乱高下する金価格について書いたものである。

この本を書く直接のきっかけとなったのは二〇〇七年二月に、フェルディナント・リップスの『ゴールド・ウォーズ』（邦題『いまなぜ金復活なのか』徳間書店刊）を読んだことにある。私は〈金の戦争〉なるものがあったことを知らなかった。しかし、リップスの本は〈戦争〉とは書いているが、誰と誰が戦争したのかを書いていない。

チューリッヒのロスチャイルドの銀行設立に参画した、というリップスの経歴が、私の心の中の何かに刺激を与えた。そして、〈金の戦争〉の勝者と敗者を自分なりに考察した。具体的な内容は本書を読んでもらえば理解していただけると思う。リップスが日本に来て講演した記録と、彼がラジオ番組で語った談話録は、私の知人が提供してくれたものである。

このリップスの本の終わりに訳者である大橋貞信氏が二〇〇四年九月にチューリッヒにリップスを訪ねたときのことが書かれている。チューリッヒ湖にほど近いレストラン・クローネンホールで、リップスは大橋氏に次のように語ったのである。

「金価格は月に届くほどに上昇する」
「かならず経済的な大惨事が訪れる」
「世界経済は崩壊の危機に立つことになる」
「金を持っていれば、そうした状況でも自分を守ることができる」

リップスの予言が当たるかどうか、私の本を読んだ後に読者は考えられよ。私は予想家でもなければ、予言者でもない。経済学者でもなければ経済評論家でもない。しかし、読者は私の本を読んだ後に、リップスの語ったことが真実らしいと知り、近未来の金価格についての確かな知識を手にするであろう。

なお、「金」と一字で書く場合はすべてキン、すなわちゴールドの意味であり、マネーの場合は「お金」とする。おかねと読む、とする。

もう一つ書いておきたい。各中央銀行という言葉が出てくるが、日本銀行は含まない。〈金の戦争〉に日本銀行は参加していない。日本銀行は七八四トン（一九九〇年）の金しか保有していないからである。

どうしてか。アメリカが「金を持つな」と、日本に命令したからである。

第一章◉
〈金の戦争〉はかくして始まった

〈金の戦争〉を仕掛けたのは誰か

フランクリン・ルーズヴェルト大統領が就任して間もなくの一九三三年三月五日、新任の財務長官は金本位制には手をつけないと国民に保証した。

これには理由があった。大恐慌がアメリカ全土を襲い、おびえたアメリカ人たちは資本を海外に移したり、金《きん》に交換したりした。金の流出は続いた。この年の二月には高まるパニックで商業銀行から金貨が引き出されていた。二月の最後の一〇日間で八〇〇〇万ドル以上、三月の最初の四日間で二億ドル以上が消えていった。

三月八日、ルーズヴェルト大統領は就任最初の記者会見で、「金本位制は安泰だ」と言った。ルーズヴェルトは緊急銀行法を上下両院で通過させた。この法により、財務長官に金貨、金塊、証券(金による支払いを完全に保証された紙幣)の引き渡しを要求する権限が与えられた。そして、大統領は金銀の輸出または退蔵を規制あるいは禁止する権限を財務長官に与えた。

パニック状態から脱すると、一般国民は、緊急銀行法は一時的な措置であろうと思うようになった。だが四月一八日、この法律が議会を正式に通過すると、大統領は経済を支配する権限を一手にした。ルーズヴェルトは次のような大統領令を発した。

「全国民はすべての金貨、金証券、金塊を銀行へ差し出し、紙幣または銀行預金と交換すべし」

金の価格は一トロイオンス(約三一グラム)二〇・六七ドルが三五ドルに跳ね上がった。

ルーズヴェルトは七月三日、

「金との厳密な関係を回復させることによって為替《かわせ》レートを安定させようという努力は、いわゆる『国際的な金融業者の古臭い狂信』であり、安定した為替レートは、正しくみえる誤信である」

と語った。アメリカの保守的な政治家、金融業者、学者たちは怒った。

しかし、イギリスから大統領のもとへ送り込まれたジョン・メイナード・ケインズは「ルーズヴェルトはこの上なく正しい」と言った。

ルーズヴェルトはデフレを抑制し、企業の再雇用を促進し、落ち込んだ生産水準を上昇させるためにドルの大量印刷を企てたのである。これはイギリスのある筋から依頼されてアメリカにやって来たケインズが、ルーズヴェルトに吹き込んだ経済理論であった。元大統領のフーヴァーはその回顧録の中で「兌換《だかん》できる金本位制を捨てれば、共産主義、ファシズム、社会主義、国家主義が、計画経済に向かって第一歩を踏み出すことになる」と書いた。

二〇世紀はまさにフーヴァーの予言通りとなった。

ケインズの経済学は「政府が投資を直接間接に増加させ、完全雇用を実現する経済である。そのためには、自由放任主義も、均衡財政主義も、金本位制も否定されなければならない。そうなれば、新しい体制が古い体制に比して平和にとって好ましいものとなる」ということであろう。

これは「勝者のための経済学」である。アメリカが隆盛を迎えるにあたり、これを完成するために都合のよい経済学であった。ハーバード大学を中心に多くの学者たちがケインジアン（ケインズ主義者）になったのも当然であった。

ここで少し回り道をする。そして本題へと戻ることにする。

この章のタイトルは「〈金の戦争〉はかくして始まった」である。この〈金の戦争〉という言葉は珍しい。

第一次世界大戦の後に第二次世界大戦があった、と私たちは教わってきた。だが、この両大戦の間に〈金の戦争〉が始まっていたとは知らされていなかった。この〈金の戦争〉について書かれた本が二〇〇二年に出た。本の題名は『ゴールド・ウォーズ』（日本語版の出版は二〇〇六年。邦題『いまなぜ金復活なのか』）である。著者フェルディナンド・リップスの経歴がこの本の中に記されている。以下、それを引用する。

フェルディナント・リップス（Ferdinand Lips）

一九三一年スイス生まれ。銀行家。一九六八年、チューリヒ・ロスチャイルド銀行の設立に参画、マネージング・ディレクターに就任する。一九八七年、バンク・リップスを設立。一九九八年の引退後はアフリカの金鉱山会社の取締役を務める一方、金鉱株ファンドを運営。著書に『*Das Buch der Geldaniage*』（一九八一年）、『*Geld,Gold und die Wahtheit*』（一九九一年）がある。

さて、私はリップスの〈金の戦争〉《ゴールド・ウォーズ》というタイトルの本を読み、ルーズヴェルトの時代から、この戦争が始まっているのを知ったのである。この本の中でリップスは次のように書いている。

ところが悲しいことに大不況をもたらした連邦準備制度理事会（ＦＲＢ）の愚行はすべて忘れ去られ、ルーズヴェルトは大不況を克服するためという美名のもと、壮大な社会実験に乗り出すことになる。その中で、ケインズの影響を受けてか受けずしてか、ルーズヴェルトは健全な通貨体制を立て直すのとは正反対の道を選んでしまったのだ。「ニューディール」、つまり契約の結びなおし、もしくはトランプの札の配りなおしと総称される一連のルーズヴェルト改革のうちには、通貨改革も含まれていた。一九三三年の金本位制破棄が、それである。

さらに、第一次大戦時に制定された対敵通商法の、世にほとんど知られていない条項をもとにして、金を保有することを禁止する法案が起草され、議会を猛スピードで通過した。アメリカ国民は、保有するすべての金貨証券を強制的に政府に売却させられた。契約を交わす際の決済単位として金を用いることが、禁止された。アメリカでは金を保有するには政府の許可が必要とされるようになった。アメリカ財務省で証書を提示、兌換を要求しても、もはや金が支払われることはなくなった。金貨の鋳造も、中止された。ただ金を保有しているだけで隠匿していると言われ、不正とされるようになった。国債の償還は常に約束通りの重量の金でなされるという、一八六九年の制定以来アメリカ国家の信用を保証していた法律は取り消された。(略)

金本位離脱、金平価切り上げ以来、アメリカは「アンチ金政策」を実地してきた。一九七四年末には金の保有自体は合法化されたが、それ以後も人々がドルよりも金を保有することを好むようになるのを防ぐために、アンチ金政策、特にアンチ金プロパガンダが続けられてきた。今日に至るまで、アメリカ政府は紙幣発行の裏付けとしての金は必要ないという幻想を広めようと続けてきたのである。

私はリップスのこの文章を読み、彼の言うようにこれはまさしく〈金の戦争〉であると思った。この戦争の宣言書を読み上げたのはルーズヴェルト大統領であった。しかし、ルーズヴェルト大統領は、この戦争の宣言書を、ただ読み上げただけではなかったのか。彼を大統領に仕立てた国際金融の闇の勢力から命じられるままに、〈金の戦争〉をアメリカ国民に仕掛けたのではないのかとさえ思った。

私はある友人を通して、リップスの二つの資料を入手した。第一の資料は二〇〇四年五月二五日、名古屋東急ホテルでの株式会社ジパング主催の特別講演会の(私的)議事

大統領選に勝利し、歓喜の声に応えるルーズヴェルト

録である。もう一つの資料は、「ゴールド・ウォーズ――スイスから見た健全な通貨との戦い」（二〇〇三年三月八日、ラジオ・インタヴューより）である。第二の資料は、リップスが、ジム・パプラバという司会者の質問に答えるという形になっている。

ジム　あなたの著書『ゴールド・ウォーズ』によると、誰がこの戦争を仕掛けたのでしょうか。その目的は何で、誰が犠牲者になるのでしょうか。

リップス　誰が仕掛けたかと言えば、フランクリン・D・ルーズヴェルトであろう。彼は一九三三年、米国市民から金を押収し、その後で価格を二〇・六七ドルから三五・〇〇ドルに引き上げた。その時点で〈ゴールド・ウォーズ〉が現実に始まった。七〇年前のことだが、それ以来、金に対する紙の攻撃が続いている。この戦争はブレトン・ウッズ体制が一九七一年に崩壊してから激しくなった。それ以来、金にリンクした通貨が存在しなくなり、スイスだけが例外となった。

リップスはこの戦争が一九三三年に米国市民から金を押収したときに始まった、と語ったのである。この戦争の真の仕掛人たちを探し出す旅に出ることにしよう。そしてまた、この戦争がどのように進められていったのかも調査してみよう。アメリカ国民から一方的に強奪した金の行方も追求しなければならない。この戦争は二〇〇二年、ロスチャイルド銀行の設立に参加したという一銀行家、リップスがその一部を書くまでは、ほとんど隠蔽《いんぺい》されたままになっていたのである。

戦争とは武力による戦争もあれば、政治戦争も経済戦争もある。歴史書にはこれらの戦争について、あらゆる角度から研究され書かれている。しかし、〈金の戦争〉についてはこれまで書かれていない。

リップスは確かに『ゴールド・ウォーズ』を世に問い、この戦争の一部を私たちの眼前に提示した。どうして二〇〇二年までこのような内容の本が世に出なかったのか。リップスの出版の本当の目的は何なのか、も問わねばならない。私は未知への旅へと読者を誘《いざな》おうと思う。ようこそ、〈金の戦争〉の世界へいらっしゃいました。

ブレトン・ウッズ体制の誕生

ジョン・メイナード・ケインズを再登場させよう。

ケインズは一九三三年ニューヨーク・タイムズ紙へ寄稿し、その思想を明確にした。「私は国民購買力の増加にもっとも重点をおくが、それは公債によって調達された政府支出から生まれる」。このケインズの経済理論がアメリカのみならず西側先進国の指導原理となったのである。「公債を発行せよ、紙幣を増刷せよ、そうして経済を活性化せよ」という風潮が世界の指導原理となったのである。

一九四四年七月、ニューハンプシャー州の保養地ブレトン・ウッズで、ケインズと米財務次官補のハリー・デクスター・ホワイトは協議を続け、この協議から「世界銀行」と「国際通貨基金（IMF）」が創設された。

ここに新しい通貨体制が生まれた。この新しい体制を支えたのは、世界の貨幣用金の七五％を超えるアメリカの金保有量であった。その量は二万トンをはるかに超えていた。アメリカのドルが固定レートとなり、自由に金へと交換できることになった。この新しい体制は一九四六年五月に発足した。

米国に「派遣された」経済学者・ケインズ

アメリカの政策決定者たちはケインズ方式で世界経済の舵取りを始めた。アメリカはドル不足の西側諸国にマーシャル・プランその他の援助方法での低利の貸付によって、ドルを供給しつづけた。ドルと金の交換率は一トロイオンス三五ドルと設定されていた。ヨーロッパの人々は戦争の惨禍の中で喘《あえ》いでいた。ヨーロッパはアメリカのドルと工業生産品と食糧を大量に受け入れた。人々の物質的生活は驚異的な向上をみた。これはすべて、国際通貨としてのドルによってもたらされたといっても過言ではなかろう。

ブレトン・ウッズ条約はヨーロッパの復興をもたらした。しかし、この条約のマイナスの面を追求した学者もいる。ユースタス・マリンズは『世界権力構造の秘密』の中でこの条約の別の面を見るのである。

マーシャル・プランの起源は、一九四七年に完成したデイヴィッド・ロックフェラーによる外交問題評議会（CFR）のための特別研究「西ヨーロッパの再建」であった。それが「マーシャル・プラン」と名前を付け替えられ、「ヨーロッパの民主主義」に大いに貢献する経済救済計画として宣伝されたのである。

W・アヴェレル・ハリマンがマーシャル・プランの統括責任者として、ロスチャイルドのパリの屋敷であるホテル・タレイランに陣取った。

勝ち誇るロスチャイルドは、ブレトン・ウッズ条約によって世界通貨制度の支配を確固たるものとした。これはイングランド銀行特許状の引き写しだった。この条約によって通貨制度は司法による訴訟手続きからの免除を与えられ、通貨制度にかんする公記録は神聖不可侵となって、法廷の検査にも議会による検査にも従わなくてよいことになった。株主配当金や公債の利子にまったく課税できないことになり、通貨制度に関係する役人や職員は法的訴訟手続きから免除された。この条約が西ヨーロッパと合衆国を組織的に略奪したのである。

ブレトン・ウッズ条約、そして世界銀行とIMFの創設は、別の面から見るならば、〈金の戦争〉の一場面である。ある国において経済の混乱が一時的なものであると思われた場合、その国家が経済危機を乗り切るために、貸し付けられる外貨の量（主としてドル）を増やせることになっていた。そういう目的のためにＩＭＦが創設された。この短期の融資により、多くの国々の経済危機は回避された。

ＩＭＦによる融資の財源は、加盟国による寄付金でまかなわれた。それには二つの方法があった。寄付金の七五％は加盟国の自国通貨とした。だが残りの二五％は金で支払わねばならないとした。こうしてＩＭＦに金が入ってきた。このＩＭＦの金が〈金の戦争〉に大きな影響力を発揮するようになる。

世界銀行は貧しい国の救済のための銀行として創設された。この銀行の総裁はアメリカ大統領が決めるという不文律ができた。したがって、世界銀行総裁にはアメリカ人が選ばれてきた。一方、ＩＭＦ総裁はヨーロッパの人々ということになった。しかも、この二つの組織は公的な面と私的な面を持つ。いかなる政府も司法もこの組織に法的に干渉できないということになっている。〈金の戦争〉は特にＩＭＦの指導のもとに行なわれた可能性が大である。

ではもう一度、リップスの第二の資料を見ることにする。司会者ジムは次のようにリップスに問うのである。

ブレトン・ウッズに集まった各国の金融担当者

ジム　二〇世紀初頭に金本位体制が廃止された時期は、連邦準備制度が創設された一九一三年とちょうど重なるように私には思えます。米国にインフレを引き起こし、私たちを借金経済に導く上で連邦準備制度が果たした役割をご説明願えますか。

リップス　何があったかを確かめるのはほとんど不可能だが、しかしドルの購買力は今や一九一三年の五％程度である。ならば、連邦準備制度がなぜ必要なのか。さらに言えば、中央銀行というものがなぜ必要なのか。なぜこのようなことが起きたのか、ほとんど理解不能である。中央銀行は社会にとって有害だと私は考えている。

ロスチャイルド銀行（チューリッヒ）の設立に参画したこのリップスは、ロスチャイルド財団の一員である。その彼の口から、連邦準備制度（ＦＲＢ）も中央銀行も必要がないという言葉が出てくる。私はこの言葉を次のように解釈した。

――私リップスは、正直なところを語りたい。私の話を聞いている諸君、この〈金の戦争〉は、私が本を出版した二〇〇二年をもって終了した。敗者はアメリカの連邦準備制度（ＦＲＢ、アメリカの中央銀行）と世界各国の中央銀行である。彼らは〈金の戦争〉で敗れ去ったのだ。

その理由の第一は、アメリカはじめ各国が中央銀行制度というものを創《つく》り、ことに金の保持、管理、そして運営を一任したからである。今や中央銀行は社会にとって有害なものとなった。

私は勝者の一人として、パートナーのロスチャイルドから、一般の人々にこの事実を伝えよ、との指令を受けた。それで私は『ゴールド・ウォーズ』という本を出版し、各テレビ局やラジオ局のインタヴューに応じ、また世界各地で講演しているのである。

敗者である中央銀行の諸君よ、その敗者たちに金を一任した一般の人々よ、同時に君たちも敗者なのだ。一般の人々よ、よく聴くがいい。君たちは、政府に洗脳され、中央銀行に洗脳され、そして何よりもメディアに洗脳されている。〈金の戦争〉の時代は終わった。ロスチャイルドは金相場から撤退した。どうしてか。勝者は次の段階の準備に入ったからである。――リップスはこのような意味をこめて「中央銀行は有害だ」と語っているのである。

中央銀行は完全に敗北した。〈金の戦争〉で、その金を失ったのである。

それでは、どこにその金は移動したのか。〈金の戦争〉の仕掛人、ド・ゴール将軍を登場させよう。彼は〈金の戦争〉のために用意されたエージェントであった。

ド・ゴール将軍の〈金の戦争〉

一九六〇年一〇月二七日、自由主義者のジョン・F・ケネディが、翌週の大統領選挙でリチャード・ニクソンを破りそうだというニュースを受けて、ロンドンの金市場で金の価格が一オンス四〇ドルに跳ね上がった。一九六〇年代、ケネディそしてジョンソンの大統領の時代、両大統領はその経済を成長基調へと導いた。その本質は企業家たちによる経済ではあったが……。アイゼンハワー大統領の時代までは軍需産業が必要とされた時期であった。しかし、ケネディ大統領の時代は反企業の風潮が濃厚であった。

ヴェトナム戦争が泥沼化した一九六八年、アメリカ経済は戦後の最盛期を迎えた。工業生産高は世界全体の三分の一以上（約三四％）を占めていた。この年を境としてアメリカは落ち目の時代へと突入した。ヴェトナム戦争での出費が増大し、アメリカ経済は衰退への道を進んでいく。基軸通貨としてのドルの不安定化が目立ちはじめるのだ。

一九六八年一月一日、ジョンソン大統領は「政権が持つあらゆる力を使ってドルを支え、わが国の金融システムを健全に保つ」と発表した。またこの年、大統領選挙でリチャード・ニクソンが勝利をおさめると、財政赤字を埋め合わせるために一〇％の追加税法を制定した。しかし、一九五八年から七一年まで、合衆国の金保有高は毎年減少し、一九〇億ドルから一〇〇億ドルに落ち込んだ。

もう一度、ケネディの時代に戻ろう。ケネディ暗殺が通貨がらみであったことが判明するのである。

一九六一年二月、大統領に就任したばかりのケネディは「アメリカは金一オンス三五ドルという公定の公式価格を維持する」と表明した。ロンドン市場の金価格は一オンス四〇ドルを上回っていたが、三五ドルまで下落した。ケネディは「海外でのドル保有が増大しています。これは、アメリカ合衆国が特別な責任を負っていることを意味するものです。その責任とは、自由世界における準備通貨であるドルの価値を維持することにあります。ドルは金と同様に優れたものであると多くの国々に認識させつづけなければなりません」と語った。

ケネディの意向を受けて、アメリカとヨーロッパの主要七カ国が集まって「金プール」が創設された。金プールへの拠出総額は二億七〇〇〇万ドル（うちアメリカが半分強の一億七〇〇〇万ドル）。西ドイツ、イギリス、イタリア、フランス、スイス、オランダ、ベルギーの各国がそれぞれ拠出金を出した。介入の必要が発生した場合は、イングランド銀行が手持ちの金をロンドン市場で売却するという形で介入を行ない、介入の行なわれた月の末に、金プール加盟各国は金の拠出比率に応じて、介入で売却した金をイングランド銀行に補充する、とした。

当初、この基金ゆえに新たに差し出された金が大量にロンドンへと流れ込んだ。売らなければならない量よりも多く、金を三五ドルで買うことができた。しかし、ここへ〈金の戦争〉を仕掛ける政治家が登場した。ド・ゴール将軍である。

一九六〇年代の終わりごろから、アメリカ政府は国際通貨制度の管理（ブレトン・ウッズ体制）を放棄すべく動きだすのである。アメリカはヴェトナム戦争のためにドルを大量に印刷するようになる。アメリカの経常収支も一九六八年以降は黒字幅が激減する。国際通貨協力体制であった「金プール」もついに限界に達する。一九六七年六月にフランスが金プールから脱退すると、九カ月後に、この体制も崩壊した。しかし、中央銀行同士の正式な金取引は、一オンス三五ドルでつづけられることになった。各中央銀行は、合衆国からその価格で自由に金を買えることになった。

この時点から、ロンドンの金市場は自由市場となり、金の価格は、民間機関の決定にゆだねられた。

これはまさしく、〈第一次・金の戦争〉であった。アメリカと加盟国は、保有している金をロンドン市場に注ぎ込んでいった。特にアメリカは提供されたすべての金を三五ドルで買う用意があると表明しつづけたために、金の最低価格を自ら設定することになった。

ロンドン市場は巧妙な操作を繰り返し、アメリカから三五ドルで買い入れた金を四〇ドルで売り、大きな利益を上げていった。金プールの加盟国は、自由市場価格も三五ドル付近で保った。多くの金を放出しつづけた。ロンドン市場に巣食う投機家たちは七年間にわたり、金の収奪に成功した。「では、金の公式価格を大幅に引き上げたらどうか」と、金プールの加盟国は検討しはじめた。そこに登場したのが、フランスの大統領となったド・ゴール将軍だった。

「第一次・金の戦争」を仕掛けたド・ゴール

ド・ゴールは「アメリカは自国のインフレを輸出している。アメリカ本国に環流されないドルが増加し、今や破局的な割合に達している。ドルの時代は終わった」と語った。

朝鮮戦争当時、ソヴィエトはアメリカ国内で持っていたドルを引き揚げ、イギリスとフランスの銀行に入れた。これがユーロダラーの始まりだった。アメリカ国内から流れ出て、アメリカ当局の規制を離れ、外国の公的通貨当局の保有にも属さないドルが、ユーロダラーであった。

ド・ゴールはアメリカの連邦準備銀行に対して、ドルと金との交換を要求した。一九五七年には三億ドルにすぎなかったユーロダラーは六八年には二五〇億ドル、七〇年には四六〇億ドルといった急増ぶりであった。ド・ゴールは「金プールはいんちきで、最終的にアメリカはドルを切り下げるであろう」と繰り返すようになった。金プールが廃止された一九六八年四月から五月、ロンドンの金価格は四一ドルから四三ドルに跳ね上がった。以前の金プール加盟の中央銀行は、ニューヨークで三五ドルで金を買い、ロンドン市場でこっそりと売り、多額の利益を出した。

アメリカの金備蓄が激減していった。ヴェトナム戦争はつづいていた。ニクソン大統領は一九六八年追加税法案を承認、一九六九年に実施された。公定歩合も一九六七年に四%であったものを一九六九年半ばには六%にした。こうしてアメリカの景気はゆるやかに後退した。

もう一度、ド・ゴールに戻ろう。

ド・ゴールは、フランス独自の政治と外交と経済の道を目標とした。北大西洋条約機構（NATO）への協力を極度に制限した。また、経済面ではアメリカを非難し、「我が偉大な国に大量のドルをばらまいている」と言い張った。当時の西側諸国のアメリカ一辺倒の外交も彼は非難した。ド・ゴールは三五ドルの金の公定価格をアメリカが二倍にするように要求した。アメリカに次いで多量に金を保有していたのがフランスであるからだ。

ド・ゴールの野心ははっきりしていた。アメリカは多量のドルを印刷し、国際取引での赤字の埋め合わせをしているだけだ。アメリカ人は自国の紙幣を外国人に支払うだけでよかった。ド・ゴールは今やフランスがアメリカに次ぐ金を手にしたことを一つの手段とした。彼は西側諸国の指導者たちに自らの考えを訴えた。「合衆国だけがドルを印刷し、外国の資金を調達できる。私たちは、外国との貿易で利益を上げることでしか外国の通貨または金を稼ぐことができないではないか」

しかし、西側諸国の指導者たちはド・ゴールの金価格二倍論に賛意を示さなかった。そのために誰が利するのかを考えたのである。それはまず、二大産金国の南アフリカとソ連を大儲けさせることではないか。ソ連恐威論が当時のヨーロッパを支配していた。ド・ゴールの〈金の戦争〉は終わりを迎えようとしていた。

ド・ゴールがフランスの覇権を世界に訴えていた一九六八年五月、フランス国内で、ストライキの渦がまき起こった。このストライキにより、フランス経済は大打撃を受けた。

ド・ゴールの威信は外国によってではなく、国内の新しい暴動によって深く傷ついたのである。ド・ゴールは自らの地位を賭《と》した国民投票に敗れた。そして政治の世界から去っていった。

ド・ゴールはフランスに金本位制を導入しようとした。そのためにアメリカが持つ金塊の奪取を狙った。これはまさしく、ド・ゴール自ら総指揮をとった、フランスとアメリカとの〈金の戦争〉であった。この戦争のためにフランスの中央銀行に金塊が増えた。その分、アメリカの金塊は激減した。

このド・ゴールの金強奪作戦の中で、金地金《じがね》の価格は少しずつ上昇していったのである。〈金の戦争〉が本格化するのは一九七〇年からである。それはアメリカの未来を暗示するような一つの事件からやってくる。一九七一年八月一五日の、いわゆる「ニクソン・ショック」である。

「ニクソン・ショック」で激震する世界

さて、もう一度リップスを登場させよう。彼こそはチューリッヒにあるロスチャイルド銀行の設立に参画した銀行家である。私は彼を「ロスチャイルド家の広報係」だと思っている。
さて、リップスはジムのインタヴューに次のように答えるのである。

ジム　米国が一九六〇年から一九七一年にかけて財政を拡大しはじめた時期のゴールドウォーズについて、とりわけ、ロンドン金プールとそれが失敗した理由についてお話しいただけますか。

リップス　ケネディが大統領になったとき、金の価格が一オンス当たり三五ドルから四〇・〇〇ドルを上回る水準に急騰した。通貨に何か問題があると、それを教えてくれるというバロメーターの機能が金にはある。しかし、金のこのバロメーター機能が政府にとっては邪魔であった。そこで各国政府はロンドン金プールを作って、それを葬り去ることに決めた。米国財務省は金を管理下に据え置く決定をした。この試みは八年つづき、結局は失敗に終わった。最初はうまくいったが、それはロシアがカナダから小麦を輸入するために金を売却したからであった。このプールが金を購入しなければならなくなった時期さえあったことを私は憶えている。しかし、そのうちヴェトナム戦争が始まり、これは米国経済でさえ捻出できないほど多額の資金を必要とした。世界中の人々がこれに促されて金を購入した。

ヴェトナム戦争と〈金の戦争〉は同時進行形である。ヴェトナム戦争の泥沼化とアメリカの金地金の流出は深いところでつながっている。アメリカはヴェトナム戦争の長期化で、景気が悪化する。一九七〇年からアメリカは景気刺激のための低金利政策をとるようになる。この一九七〇年の一年間で、一〇〇億ドルを超えるユーロダラーがアメリカからヨーロッパへ流れる。この過剰ドルの圧力は、西ヨーロッパ諸国の外貨準備を激増させる。

フランス、スイス、ベルギーなどはあらゆる手段を使って、このユーロダラーの金兌換をはかったのである。

そうした中で、一九七〇年八月以降、アメリカの金準備は急激に減っていく。アメリカのドルは暴落し、金価格は暴騰していく。リップスの言がロスチャイルドの言い訳であることが理解できたであろうか。ニクソンはドル防衛策の全てを使い尽くし、一つの結論に達する。それは早急にヴェトナム戦争を終結させる以外にない、ということであった。これを望まない〝闇の勢力〟がニクソンを追放すべく「ウォーターゲート事件」をでっち上げるのである。

どうしてか――ヴェトナム戦争での出費をアメリカ政府がつづける限り、ロンドン市場にアメリカの金が流入しつづけるからである。リップスは偽りを語っている。「そのうちヴェトナム戦争が始まり、これは米国経済でさえ捻出できないほど多額の資金を必要とした。世界中の人々がこれに促されて金を購入した」

アメリカ人は金購入を禁止されていた。金購入の最大手はヨーロッパの中央銀行、そしてこの中央銀行を完全に牛耳《ぎゅうじ》っているロスチャイルドを中心とする国際金融資本家たちであった。アメリカは金を略奪されつづけたのである。そして一九七一年八月一五日にニクソン大統領は金本位体制の廃止宣言をする。

この金本位廃止にいたる過程を見てみよう。〈金の戦争〉はリアルに演出されていたことが分かるのである。


リチャード・ニクソンは大統領になると、金本位制維持のためにあらゆる努力をする。ニクソンが金本位制廃止宣言をしたときの財務長官はジョン・B・コナリー（在任一九七一〜七三年）である。コナリーはテキサス州の知事を一九六三年から六九年までしていた。このテキサスを牛耳るのがヒューストン・ファースト・シティ・ナショナル・バンクである。当時の会長はジェームズ・アンダーソン・エルキンス二世。コナリーはエルキンス二世により出世街道を駆けのぼっていったのである。このコナリーがニクソンに金本位制廃止を進言した。エルキンス二世の銀行の実質オーナーはロンドン・ロスチャイルド家。

要するに、金本位制廃止は、ロンドン・ロスチャイルド──→エルキンス二世──→コナリー財務長官のルートで決定されたといっても過言ではない。

大統領の職を追われたニクソンは回顧録の中で、「金本位制をやめたこと。あの時、金の評価を実勢に合わせて一オンス一〇〇ドルとか、三〇〇ドルにするとか、金相場に連動して金本位制を維持していれば、世界経済を安定させることができると同時に、今のような国際的な通貨マフィアの餌食《えじき》にならなかったのではないか」と書いている。

この回顧録の中に出てくる「国際的な通貨マフィア」こそが〈金の戦争〉の仕掛人である。リップスはいかにも調子のよいことを書いたり語ったりしているが、彼はこのマフィアの一員なのである。

ニクソンが金本位廃止の宣言を出した翌日のニューヨーク・タイムズ紙を見ることにしよう。


ドルと金の連動を断ち切る。ニクソン大統領は今夜、今後合衆国は諸外国の所有するドルと金との交換を停止すると発表した──二五年間つづいた国際通貨制度の一方的な変更である。大統領の言によれば、この決定を行

金本位制廃止を進言したコナリー財務長官

なうのは「海外の通貨投機筋によるドルの攻撃」を止めさせるためとのこと。外国保有のドルと金の交換停止という大統領の決定によってもたらされた世界通貨制度の変化が、今後どうなるかまったく不明。これは財務長官ジョン・B・コナリーが口にしたことばである。コナリー氏は、今後どうなるかわからないと語った。（略）デイヴィッド・ロックフェラーのような権威筋から大統領に対して、何らかの統制を行なうべきだとの助言がなされている。同氏は二三〇億ドルの資産を持つチェース・マンハッタン社の会長であり、参加二二カ国を有する経済協力開発機構（OECD）の議長である。

この記事の他にも、ニューヨーク・タイムズは論説でニクソンの行為について論じている。

大統領が経済の前線をすべて突破してきた大胆さを、われわれはためらいなく称賛する——つまり、大統領がこの国の現状維持を図り、国民の意志を萎《な》えさせた〝事なかれ主義的手段〟を徹底的に粉砕したことを称賛する。

ニューヨーク・タイムズは、後にニクソンが回顧録の中で嘆いてみせた「国際的な通貨マフィア」の勝利を祝っているのである。アメリカはこのマフィアに敗れたのだ。

翌日の紙面で、ニューヨーク・タイムズは財務次官ポール・ヴォルカー（後のFRB議長）の発言を掲載している。「ほかの通貨がドルに対して上昇するかどうかについて、われわれは反対すべき立場にはまったくないと思う」

一九六九年七月二四日、ヴォルカー財務次官は「SDR」という通貨、すなわち国際通貨基金（IMF）の特別引出権を認めた。ヴォルカーは、国際通貨基金の特別引出権をもって外国為替の代用通貨とすることを承認したのである。そして彼は「これは世界の金不足を補うペーパーゴールドだ」と胸を張った。事実、SDRは一定量の金に相当するものとして、その価値を表示していたのである。これは金の原物不足をアメリカが隠すためにでっち上げた、まさに「ペーパーゴールド」そのものであった。

このSDRが〈金の戦争〉の舞台に登場してくるのである。これは、中央銀行のみが保有できる特別な外貨準備であった。だから市場の投機の対象にはならなかった。しかし、このSDRが後に「ブレディ債」に化けて登場するようになる（ブレディ債については後述する）。見せかけのゴールドがIMFから溢れ出るようになっていく。このSDRの創出を見ても、一九六九年から一九七一年にかけて、アメリカの金地金はほとんど消滅していたのではなかったかと思えてならない。

ジョンソンの時代からニクソンの時代にかけて、一部のアメリカ国民は、「正式なアメリカの金地金の量を公表せよ」とたびたび政府に迫ったのである。しかし、彼らの訴えはすべて斥《しりぞ》けられた。「フォート・ノックスに金地金はある」という政府の報道が繰り返されるだけとなった。アメリカは、SDRというIMFのペーパーゴールドを唯一の頼りとする、金地金を持たぬ国家になっていったのである。

なにはともあれ、「ペーパーゴールド」がこうして市場に登場した。本物の金の価値は下降しはじめた。ロンドン、ニューヨーク、ヨハネスブルクでも金鉱株が軒なみ下落した。ヴォルカー財務次官はパリに行き銀行家たちを集めて、「さて諸君、われわれは、こいつをブッ放したぞ！」とすごんでみせた。

しかし、アメリカはまた国際的な通貨マフィアとの〈金の戦争〉に完敗することになる。アメリカ政府だけではない。アメリカのWASP《ワスプ》主体の金融本体が〈金の戦争〉で敗れていくのである。彼らマフィアが世界中の富を独占するべく動きだすのである。

第二章◉

国際金融マフィアに狙われたアメリカ帝国

ニクソン・ショックが世界を狂わせ始めた

ペーパーゴールドとは、IMFからの引出権を創出し、発生した債務に金《きん》保証を付することである。ペーパーゴールドを創出する最善の方法は、各国の金準備を集中化して行なうことである。これはすべての国の金準備を国際通貨基金（IMF）に集め、加盟国が提供する金準備と交換に手に入れる証券を世界通貨として使用することである。

この考えは一九四四年、ブレストン・ウッズ条約ができたときにも討論された。ケインズがこの考え方を打ち出した。しかし、アメリカは応じなかった。アメリカ一国が世界を支配する、すなわち、ドルが世界で唯一の国際通貨であると主張したからである。もし、このIMF式世界通貨が採用されていたら、世界は今のような「カジノ経済」とは縁遠かったであろう。

しかし、この世界通貨（ケインズは、これを「バンコール」と命名したが）は消えたのである。IMFの役割の第一は固定相場制の維持にあった。しかし、IMFはそのための力を持つことがなかった。ドルは、途方もない特権を与えられていた。だから、ド・ゴール将軍が一九六五年二月にこのドルを攻撃せよと迫った。しかし、ドイツはドルへの攻撃をしなかった。

ソ連の恐怖がドイツ国民の心を襲っていた。それでドイツはアメリカの核の傘の下に入っていた。アメリカの利害への金融面における追従であった。

アメリカのドルをドイツは支えつづけた。しかし、金《きん》の流出は止まらなかった。

リチャード・ニクソンは『ニクソン回顧録』の中で、一九七一年八月一五日の「金とドルの交換禁止」の演説の後の状況を書いている。

その後数カ月間に、新経済政策の効果が現われ始めた。一九七一年の賃金・物価凍結以前のインフレ率は三・八％だったが、凍結期間中は、一・九％に下がった。凍結が終わったあと、一時的に上昇したが、一九七二年の後半は三・〇％に落ちついた。失業率は、新経済政策が実施されたとき、六・一％に達していたが、一九七二年末には、五・一％に下がった。（略）フォード政権発足直後の数カ月間は、インフレが急激に進み、物価上昇率は二ケタの水準に達した。統制が完全に撤廃されてから三年たった段階では、失業率とインフレ率はいずれも七％前後の水準になった。このため、インフレ率が四％にすぎず、失業率が六％にとどまっていた一九七一年当時が、〝古きよき時代〟だった、という郷愁さえ生まれたほどだった。

一九七一年八月一五日までは「ドルの印刷を抑えなければいけない」という抑制力がアメリカ政府に働いていた。しかし、金とドルの交換を禁止してからは、ドルの大量印刷が可能となった。

ニクソンのテレビ演説に対する世論は圧倒的に好意的であった。月曜日のニューヨーク株式市場では三三〇〇万株が売買され、ダウ・ジョーンズ平均株価は三二・九三ドル上昇した。

しかし、ついに、どこの国の通貨も金とリンクすることがなくなった。それまでは間接的ながらも、世界のそれぞれの国の通貨はドルを介して金と交換ができていた。資本主義の基本はこの金本位制によって統制がとれていた。だが、通貨を支えるものが消えた。中央銀行の発券準備を金に求めるという信用システムが消えたことを意味する。

リップスの『ゴールド・ウォーズ』から引用する。

一九七一年八月には、状況は危機的なものとなった。アメリカのドル建て対外短期債務は六〇〇億ドルに達し、その三分の二は海外の公的機関が保有していた。金価格を一オンス三五ドルとすると、アメリカの金準備は九七億ドルまで減少していたのである。一九三三年にルーズヴェルト政権が合衆国国民から強制的に没収した金の半分以上が、一九七一年までに外国の中央銀行の金庫に収まった計算である。

リップスが述べているように、アメリカの金塊はヨーロッパに狙い打ちされた。「外国の中央銀行に入ったのである」とリップスは書いているが、これは真実ではなかろう。ニクソンが『回顧録』の中で言った「国際的な通貨マフィア」の手の内に落ちたのである。そして、中央銀行にも、そのうちの一部が入ったのである。ド・ゴール将軍のドル攻撃から数年たらずで、アメリカの金塊は半分以上も消えたのである。

ド・ゴール将軍とは何者か。彼は国際的通貨マフィアであるロスチャイルドの一族なのだ。

この面から考察すると、この〈金の戦争〉の奥深さが見えてくるであろう。

ド・ゴール将軍は、金本位制をフランスが採用することを願っていたのか。彼はドルを金に替えてフランス中央銀行の金庫に入れつづけた。民衆はその金を生活向上のために使えと叫び、大規模なストに突入した。ド・ゴール将軍は、役に立たない金属と役に立つ金属の区別ができた。だから、フランスは金を大量に持っている。この金も国際的通貨マフィアが狙うのである。

前日銀総裁の速水《はや》優《みまさる》は著書『強い円、強い経済』の中で次のように書いている。


最大のポイントは、金ドル交換の停止、つまり「金とドルの関係を遮断する」ということを突如言い出したことである。

そしてドルは、今の言葉で言えばフロートとなる。すなわち、各国通貨と為替の相場は、そのときそのとき市場が決めていくようにする。それまで戦後二〇年以上続いてきた金ドル本位制、つまり、固定相場はここで遮断されることとなる。そのことは非常に大きな変革であった。日本も円が徐々に強くなっていて、通貨体制に何が起こるか、みんなが心配していたのだが、ニクソン大統領になって突如、金ドル本位制をやめる、と言い出したことは、ブレトン・ウッズ体制の崩壊と言える大変革だったと思う。


速水優が言う「ブレトン・ウッズ体制の崩壊」をもたらしたのは、間違いなくニクソンの新政策であった。しかし、この問題は根が深い。ド・ゴール将軍はユーロダラーを狙い打ちした。

ユーロダラーと〈金の戦争〉について書いた本はない。しかし、私はユーロダラーこそが〈金の戦争〉を完遂するための国際通貨マフィアの軍資金になったと思っている。

このユーロダラーの増加とアメリカからの金の流出が比例しているように思えてならないのである。

一九五八年にアメリカは債務国に転落した。その年以降、ヨーロッパにドルが流入しつづけた。ユーロダラー市場は一種の〝世界金融闇市場〟となった。どうしてか。政府の介入がないからである。

闇市場を牛耳る民間人たちは国際金融情報を支配している。借入れを重ね、貸方勘定を積み上げ、実際には存在しない「ドル」が創作されつづけたのである。間違いなく、この創作された、実際には存在しないドルが〈金の戦争〉に登場したのである。

ド・ゴール将軍は、このドルを使った先兵の役を国際通貨マフィアから命じられていた可能性が大である。そして、国際通貨マフィアたちは国際協調融資なる組織をつくる。この組織を背後から操ったのがスイスのバーゼルにある国際決済銀行（ＢＩＳ）である。

この銀行については後述する。

国際決済銀行（ＢＩＳ）本部ビル

ユーロダラーを扱ったヨーロッパの商業銀行は融資の規模を劇的に拡大する。こうした中で、二〇〇を超える商業銀行が政府や中央銀行、世界銀行、そしてＩＭＦに代わって国家へ向けての融資まで始める。一九六九年、イタリアはこのユーロダラーの融資団から二億ドルを借りる。借方と貸方の勘定ノートが大量のドルを創作しつづけている。この闇ドルが〈金の戦争〉の主役として登場する。従って、ニクソンは金とドルの連関を断ち切らざるを得なくなった。しかし、変動相場制はドルの弱さをきわ立たせた。アメリカの金を買えなくなったユーロダラーは次に何を狙ったのか。それはヨーロッパの中央銀行の倉庫に退蔵されている金塊に目をつけたのだ。

次項でそのカラクリを暴くことにしよう。

カジノ資本主義の世界が誕生した

一九七一年八月一五日のニクソン大統領の「ドルと金の交換停止」の声明によって、世界はカジノ資本主義の世へと一変する。スーザン・ストレンジは『マッド・マネー』の中で次のように書いている。

入退場が自由である通常のカジノと、大規模取引をするグローバルなカジノとの違いは、後者ではわれわれすべてが日々の営みの中で、非自発的に関わらざるをえないということである。通貨（価値）の変動によって農民の作物の価値は収穫前に半減しうるし、輸出業者を廃業に追い込みうる。利子率の上昇は商店経営者の在庫コストを致命的なまでに増大させうる。財務的配慮が先にたった企業買収は工場労働者の職を奪いうる。巨大金融センターのオフィス街のカジノで何が行われるかによって、新卒者から年金生活者まで諸個人の生活は、突然の、予期しがたく、しかも避けがたい影響を受ける。金融的カジノの中で皆がすごろくゲームをプレイしているのである。

ストレンジはこの現象を「カジノ経済」または「カジノ資本主義」と呼ぶ。ストレンジの言うように、ニクソン・ショック後の世界はまさにルーレットまかせの不確実性、浮動性そのものとなった。

私はこのカジノ資本主義の元凶こそが〈金の戦争〉の仕掛人たちであり、ストレンジが本の題名にした〝マッド・マネー〟の操作者たちとみるのである。

それでは仕掛人について考察してみることにする。リップスの『ゴールド・ウォーズ』から引用する。リップスはその存在をほのめかしているからである。

一九六八年三月一七日、アメリカの要請を受けてロンドンの金市場は二週間にわたって閉鎖されることになった。ロンドン金市場への協調介入のための金プールが、正式に終焉《しゅうえん》を遂げたのだ。そして市場が再開された時、金ビジネスの構造は、がらりと変化していた。

まず、ワシントンで開催された会議で、世界の中央銀行とＩＭＦは、各国中央銀行ならびに各国内の金融機関は一オンス三五ドルの公式価格で取引を続ける、つまりドルの平価を切り下げない一方で、自由市場においては価格が自由に変動するという二重構造の市場を生み出すことに合意した。中央銀行は「自由」市場に関わることを一切禁じられ、自由市場で売買することはできないとされた。中央銀行が市場で金を買うことができなくなり、さらに投機家が二〇億ドル相当の金を保有していたので、金現物が突如として過剰となった。

リップスは、金市場の秘密を書いている。各中央銀行が金の売買に参加し、それによってアメリカの金が流出したのではなく、投機家たちが、一オンス三五ドルの公式価格を無視してロンドン市場で金価格を自由に操作していたことを、である。

「投機家が二〇億ドル相当の金を保有していたので、金現物が突如として過剰になった」とあるのは、一九六五年後半、ソ連が農作物不作のせいで、大量の金をロンドン市場に放出したからである。さらに南アフリカも国際収支の赤字を埋め合わせるために、大量の金をロンドン市場に放出した。

金市場はどうなったのかを見ることにしよう。〈金の戦争〉の意味がかなり解けてくるのだ。たしかに、ソ連と南アフリカの金放出で一時的には金の量は過剰となった。しかし、ヴェトナム戦争の泥沼化が大きな意味を持つのである。その一つは、中国が大量の金の購入者としてロンドン市場に登場したからである。

どうして中国は金を大量に買い入れたのか。ヴェトナム戦争はアメリカの赤字を増大させただけではなかった。アメリカ人の心も荒廃させた。アメリカ兵たちはヴェトナムで恐怖心から逃避すべく、アヘンに、そしてヘロインに救いを求めた。ヴェトナム兵たちも同様だった。中国は大量のアヘンの生産に入った。そして黄金の三角地帯からもアヘンを仕入れた。そのアヘンの代金は金であった。今日でも、麻薬の決済は金である。

「金プール」についてはすでに書いた。フランスの「金プール」からの脱退についても書いた。ヴェトナム戦争でアメリカは財政危機におちいり、同じ頃、イギリスも一九六七年の中東戦争で財政が逼迫《ひっぱく》していた。そしてついにこの一九六八年の一一月一八日、ポンド平価は一ポンド二・八〇ドルから二・四〇ドルへ切り下げられた。

何が起こったのか。ロンドン金市場に、国際通貨マフィアの連中が殺到したのである。そして、「金プール」に蓄えられていた金の流出となった。彼らは中央銀行の連中とグルであった。中央銀行の連中が、「金プール」の金をロンドン金市場に横流ししたのである。この年の一一月の末に、「金プール」の金は一〇億六〇〇〇万ドルとなった。アメリカは中央銀行の内部の連中と国際通貨マフィアの連中がインサイダー取引をしていることに気づかなかったのか。一九六八年三月までに、ついにアメリカの金準備はおよそ一〇・五億ドル分となった。

アメリカが大量の金塊を持っていると、ほとんどの経済学の本に書かれている。しかし、これはデタラメである。アメリカは一九六八年以降も金を失っていく。このことは後述する。

それでは、〈金の戦争〉を一つの国に的を絞って見ることにしよう。再びフランスとアメリカの関係である。

ド・ゴール将軍が大統領の座から去った後、フランス銀行はドルを商業銀行から買い、そのドルを合衆国財務省で金と交換していた。しかも一オンス三五ドルでだ。その金の一部はフランス銀行の金庫の中に収蔵され、他は商業銀行のルートでロンドン金市場に放出して大きな利益を上げていた。ドルと金の交換比率は一定であったから、ロンドン金市場で売りに出してもドルの価値が下がることはない。

しかし、アメリカのドルの価格は下がらなかったが金の流出は続いたのである。アメリカはドルが金に交換できない場合にも、ドルの価格が下がらない方法はないかと考えた。ドルの下落を防ぐ唯一の方法は間違いなく、フランス銀行がドルを保有しつづけてくれることである。しかし、フランス政府はアメリカの申し出を拒否した。ニクソンは次の手を考えてフランス政府に脅しをかけた。――もし、ドルが他の通貨から見て値下がりしたら、多くのフランス人はドルを所有しているので、大損をこうむるであろう。アメリカ人はフランスのワインや香水を買うのに余分なドルを使わないといけなくなる。そうすると、フランスの輸出量は減るであろう。逆に、フランスはアメリカの商品を安く買えるようになる。すると、アメリカからフランスへの輸出が増大するであろう――。

フランスはアメリカの「戦争宣言」にノーと言った。アメリカはドルの下落を覚悟した。インフレ対策を同時に採用した賃金の抑制策が取られた。アメリカの繁栄はつづいているように見えたが、実質的な衰退の道に突入したのである。フランス国民もドイツ国民もそして日本国民も、ドル価格の下落とともにインフレが襲いかかってきて生活が苦しくなった。カジノ経済の到来である。リップスの本の続きを見ることにしよう。「さらに投機家が二〇億ドル相当の金を保有していたので、金現物が突如として過剰となった」の続きの部分である。

ロンドンの金市場が閉鎖されるとともに、ロンドンの地金《じがね》商も二週間の休業を強いられたわけだが、この間にスイスの三大銀行が金の取引に乗り出して、がぜん存在感を増すことになる。一九六八年までに、スイスは世界の金現物市場の八割を占めるようになった。スイスの各銀行は、最先端の金融サービスに加えて、自前の貴金属精錬所まで持っていた。

この短い文章の中に、一九六八年までに、すなわち「金プール」が終了するまでに、金地金がどのようにしてアメリカから消えて、どこへ流出したかが書かれている。金現物市場はロンドン市場であると、この本以外の本には書かれている。しかし、チューリッヒのロスチャイルド銀行の設立に参画したリップスは、金地金の行方を知っている。それは間違いなく、中央銀行や他の投機家の手に入った金地金は別にして、その八割近くがスイスの山中に隠されていることを証明している。リップスは書いている。「スイスの銀行は、最先端の金融サービスに加えて、自前の貴金属精錬所まで持っていた」

私たち日本人は銀行というものを単純に考えている。日本の銀行とちがい、特にスイスの銀行は一種の治外法権の世界である。

たとえば、スイス三大銀行の一つクレディ・スイスは麻薬取引のために金塊を中国やキューバに運ぶ。この銀行はミサイルを装備した潜水艦を持っている。この潜水艦が一度でも捕まったという話は聞かない。チューリッヒに巣食う〝チューリッヒの小鬼〟こそが〈金の戦争〉の仕掛人たちであった。まずは、この小鬼たちの正体に迫ることから始めよう。

チューリッヒの小鬼たち

スイスの銀行はロシアと南アフリカから金塊を直接、仕入れている。ロスチャイルドとオッペンハイマーの両財閥はデビアスを所有している。デビアスは全世界のダイヤモンド市場の七割を独占する。この両財閥は、金鉱山会社アングロ・アメリカンを所有し、ロシアと南アフリカの金塊を独占的に入手し、それをスイスに運んだ。この金塊がイタリア宝飾業界や中東や極東などの貿易センターへと流れていく。

どうして中東や極東へ金塊は流出するのか。この答はすでに書いた。麻薬代金の決済を金塊でするからだ。クレディ・スイスがその金塊放出の主役である。

広瀬隆は『アメリカの経済支配者たち』の中で、次のように書いている。

ゴールドの世界は、南アフリカのオッペンハイマー家によって動かされてきた。かつてイギリス人のダイヤ王セシル・ローズが、ロスチャイルド家の資金を得て一八八八年にデビアスを設立してアフリカ南部全域を支配した。彼の死後、一九一七年にアーネスト・オッペンハイマーがアングロ・アメリカンを設立して南アの鉱区を完全支配してから、息子の二代目ハリーを経て三代目ニコラスに至った。〝フォーブス〟では、ニコラス・オッペンハイマーは九八年一月にデビアス会長に就任し、公称資産二八億ドル（三三六〇億円）と報じられたが、初代アーネストの巨大な資産形成からすでに七〇年以上経っているので、同誌の公表資産額は二桁少ない過小評価と考えられ、実際には、五〇兆円規模の資産を保有しているはずである。

最近のデビアスは、九七年にフランスのエドモン・ロスチャイルド男爵の死後、息子のバンジャマンに実権が継承され、九七年時点で、デビアスが姉妹会社アングロ・アメリカンの株を三八・四パーセント保有している。

この文章を読むと、ロスチャイルドとオッペンハイマーの両財閥が同じ血族であり、デビアスとアングロ・アメリカンが同一系統の会社であるこ

クレディ・スイスのニューヨーク支店ビル

とが分かるのである。チューリッヒの小鬼たちは、世界の二大鉱山国のソ連（現在のロシア）と南アフリカから、金塊を仕入れていたことが理解できよう。彼らはその金塊をアメリカや西側諸国の中央銀行に売りつけてきた。そして、この金塊を巧妙な手段で回収すべく対策を立て実行に移していく。

リップスが見事に語ったように、ルーズヴェルトが大統領に就任して最初の仕事がこの金塊だった。これが「ゴールド・ウォーズの始まりである」とリップスが語るのは正しい。

チューリッヒの小鬼たちは金塊を一手にし、これを売りつけるために第一次世界大戦を演出したのである。そして、準備をととのえた後に、ルーズヴェルト、チャーチル、スターリンたちを脅迫して第二次世界大戦を演出する。

チューリッヒの小鬼たちの最大の目的は何か。各政府の財産（特に金）を略奪し、国家そのものの財政を破綻させることにある。カジノ資本主義はいつの日か、紙幣がその無防備の姿を晒《さら》すことにより崩壊する。その時を狙って、チューリッヒの小鬼たちは、〈金の戦争〉を仕掛けるのである。

南アフリカとスイスの銀行家たちについて書いた。では次に、ソ連とスイスの銀行家たちについて書く。再び、リップスの本から引用する。

また、スイスはソ連産の金の大部分を供給するということも手がけていた。ソ連はスイスの秘密主義と独立性を買っていたのである。じっさい、スイスを通じてロシアの金がどれだけ販売されたかという統計が発表されることはなかった。アメリカと親密なイギリスのロンドン市場とは著しく対照的で、自分たちも秘密主義であるソ連は金の取引の大半をロンドンからチューリヒに移し、さらにチューリヒに独自の銀行まで設立したのだった。その後、一九七二年から一九八〇年までの八年間で、ソ連がスイスで売却した金の総量は二〇〇〇トンにもなるとされている。

もちろん、ロンドン市場もただ座視していたわけではなかった。金の先物取引を始めることで、少しずつ金の世界におけるその重要性を回復していくことになるのだが、それはまだ先の話である。

デビアスの創業地は今や観光名所（南アフリカ・キンバリ）

一九七二年当時、年間の世界の金の生産高は一〇〇〇トンほどであった。単純に一〇〇〇トンを八で割ると、一二五トンである。ソ連の金輸出の半分近い。しかし、これはあくまでも表面的な数字である。後述するけれども、国際決済銀行（ＢＩＳ）がソ連からの金塊の大部分を受け入れる窓口になっていた。ここから、スイスの三大銀行に流れていく仕組みになっていた。

どうして国際決済銀行か。それは、ソ連がこの銀行を通じてユーロダラーを受け取っていたからである。すなわち、工業製品や化学製品を西側から輸入し、その決済を国際決済銀行でしていたのである。ＢＩＳ規定などを制定するから公的な中央銀行と思われがちだが、国際決済銀行そのものは私的な銀行である。

リップスは「もちろん、ロンドン市場もただ座視していたわけではなかった。金の先物取引を始めることで、少しずつ金の世界におけるその重要性を回復していくことになるのだが、それはまだ先の話である」と書いている。ここでもリップスは今まで誰も書かなかった秘密を一つ、私たちに教えてくれている。ロンドン金市場についてである。リップスは「ロンドン金市場が先物取引を始めた」と書くのである。これは驚きである。しかし、検討に値する。

ロンドン市場は昔から、ロスチャイルド、モカッタ、ジョンソン・マッセイ（メイス・ウェストパックが継承）、サミュエル・モンタギュー、シャープ・ピクスレーの五大業者が、毎日二回行なう値決めで世界の金価格を決定している。この値決め（フィキシング）が先物取引によるとリップスが言っているような気がする。

たしかに、ロンドン市場の五大業者の勢力が相対的に低下しているのは事実である。その点は否めない。実際の金価格の最終決定権はチューリッヒにあることは間違いない。しかし、ロンドンの五大業者とスイスの三大銀行は元をただせば一族である。ロスチャイルドを頂点とする系図に中に収まる人々が、五大業者の人々であり、スイス三大銀行の人々である。彼らの中から、国際決済銀行の総裁もＩＭＦの総裁も選ばれている。

もっとはっきり書くならば、金をあつかう五大業者、スイス三大銀行、米系証券、投資銀行、これらの人々はほとんど例外なくユダヤ人である。ここまでくると理解しやすい。〈金の戦争〉とは、ユダヤのためのユダヤによる戦争に他ならないのでは、ということである。

では、どうして〈金の戦争〉を仕掛けるのか。この答は難しい。

一つは、国際通貨マフィアによる世界の経済支配であろう。そのために金を独占しようとするのである。

ある日ある時、世界を大恐慌が襲う。その時、間違いなくドルは大暴落する。円も人民元も、そしてたぶん、ユーロも。では暴落からまぬかれるものは何か。国際通貨マフィアたちはそれを金だというのである。

しかし、彼らマフィアたちは大恐慌を演出することなく、二一世紀まで巧妙にカジノ資本主義を操ってきた。彼らは準備に年月をかけた。この戦争を知られないように用意周到に努力してきた。その戦争も秘密裡に勝利し得た。それはいつか。その答えはリップスの本の出版年の中に明記されている。二〇〇二年、である。

すなわち、二〇〇二年に国際通貨マフィアのある組織が〈金の戦争〉の勝利宣言をした、ということである。

二〇〇四年五月二五日、来日したリップスは、名古屋東急ホテルで行なわれた講演会で、日本人投資家を前にして次のように語ったのである。

世界の中央銀行は、紙幣を増発し続けた結果、インフレが姿を表わしつつある。米ドルの汚染は、一九七一年八月一五日、金の裏付けが無くなってから始まった。スイスフランのみが例外であった。紙幣システムは、歴史が浅く、負債はいつか返済されるという信用の上に成り立っている。ドル・ベースでの金価格の上昇が、紙幣システムを救う唯一の方法としてあったのに、結果として人類史上最大の負債を積み上げてしまった。負債の発生理由は何か。金の持つ規律を軽率にも諦めたからだ。

リップスはさながら神のごとく、人類の犯した罪を暴くのである。「金の持つ規律を軽率にも諦めたからだ」と。

リップスよ、あなたのパートナーのロスチャイルドとその一味が、人類をしてそのように仕向けたのではなかったのか。しかし、リップスは勝者の側である。敗者の側の日本人はただ聴くしかない。続けよう。

金はこのシステムの最良のバロメーターである。このため、金価格が操作されている。しかし、永遠の操作は、不可能だ。問題は、一九六〇年に決めた一オンス三五ドルという金プール制が崩壊したことでなく、それより悪いのは、世界中の銀行が金価格を操作していることである。この点では、メディアも同罪だ。金融の王様である金が過小評価されている。金は、一九八〇年の史上最高値よりさらに劇的な高水準になるだろう。

リップスは「金価格が操作されている」と語るのである。この言葉そのものは珍しいものではない。しかし、具体的に操作の内容を書いた本は私の知るかぎりでは一冊もない。私は初めてリップスの『ゴールド・ウォーズ』を読んで、その内容を知り得たのである。

リップスは内心、次のように聴衆に語りかけたかったにちがいないのだ。

――みなさん、ロスチャイルドとそのグループはついに世界中のほとんどの金を手に入れました。それで金価格の操作をする必要もなくなりました。金価格の操作で私たちグループは世界中の中央銀行の金庫から金を略奪することに成功しました。もう価格操作による金価格の下落はありません。それは二〇〇二年に終了したのです。従ってみなさんはすすんで金を購入して下さい。間違いなく金価格は上昇しつづけるでしょう。人類史上最大の負債を積み上げてしまった天敵に罰が下るでしょう。金の持つ規律を軽率にも諦めたからです――。

この講演は勝利宣言である。事実、リップスの予言は適中した。リップスが本を出版して以降、金価格は上昇の一途である。

では次章で、金操作について書くことにしよう。読者は、この世の本当の秘密を知ることになるだろう。

第三章◉

「中央銀行の金塊」略奪作戦

ニューヨーク商品取引所での金の先物取引の誕生の謎

池永雄一の『ゴールド・ディーリングのすべて』（一九九三年）から引用する。資料としてはすこし古いかもしれない。しかし、参考になる。どうしてか。「一九九三年」に意味があるからだ。

金《きん》の地上在庫は一〇万六〇〇〇トンと言われ、その一〇％が工業用消費、二四％が個人投資家退蔵、三二％が宝飾品消費、三四％が公的部門となっている。

つまり公的部門はトータルで約三万六〇〇〇トン、うち八〇％が各国の中央銀行保有、一八％が公的国際機関（ＩＭＦ、ＢＩＳ、ＥＭＳ等）、二％以下が各国の通貨当局、投資当局（サウジアラビア通貨当局等）となっている。

さて、公的部門はトータルで三万六〇〇〇トンであるとする。その八〇％は二万八八〇〇トン。この金塊が中央銀行の保有する金塊となる。

これは公式資料である。私は、ＩＭＦを含めて、一部の例外を除き、中央銀行保有といわれる金塊のほとんどは消えていると考えるのである。では、そのカラクリを見ていくことにしよう。金の先物取引がニューヨーク商品取引所（ＣＯＭＥＸ《コメックス》）で開始されたのが一九七四年一二月三一日である。それでは、ニクソン・ショック以降の金を中心に簡略に記してから、金の先物取引について書くことにする。

ドル売りの洪水、ドルの価値の下落についてはすでに書いた。アメリカの措置に驚いた各国の政府はアメリカに固定為替レートの体制を取るように要求した。アメリカ政府はこの要求に応じた。ニクソン・ショックから四カ月後の一九七一年一二月、首都ワシントンのスミソニアン博物館で一〇カ国蔵相会議が開かれた。外国為替市場に秩序を取り戻すための結論に達した。金一オンスが三五ドルから三八ドルとなった。ドル平価の切り下げであった。しかし、ロンドン市場では四三ドルから四四ドルで取引されていたから、このスミソニアン協定は役に立たなかった。

それでもニクソンは「この会議で成立した合意は世界史上もっとも重要な金融協定である」との声明を出した。しかし、この協定は世界中を襲ったインフレ圧力に抗し切れなかった。金に対するドルの公定レートはさらに引き上げられ四二・二ドルとなった。しかし、固定相場制を維持することはできなかった。

この固定為替相場制の維持を難しくする事態が起こった。一九七三年一〇月、ＯＰＥＣ（石油輸出国機構）は、石油価格が一バレル二・一一ドルから一〇ドル以上に上昇するまで生産を制限すると決定した。この一カ月後、スミソニアン協定ははかなく消え去った。

ドルは下落しつづけた。ドルの下落と金価格の上昇から利益をあげようとする通貨投機グループが増えた。金とドルが餌食《えじき》となった。

一九七五年の初め、通貨制度を金から完全に切り離そうとする試験的な措置がとられた。しかし、この仕事はニクソン大統領の仕事ではなかった。ニクソン大統領は一九七四年八月八日に辞任したのである。

私はニクソンをケネディとともにアメリカ大統領の中でも偉大であると思っている。その偉大さゆえに、ケネディは公衆の眼前で暗殺され、ニクソンはウォーター・ゲート事件をでっち上げられ辞任させられたのである。ニクソン大統領はヴェトナム戦争の早期終結と麻薬撲滅に真剣に取り組んだがゆえに大統領職を捨てざるをえなかった。アメリカの赤字をなくし、金本位制を維持するというのがニクソンの目標だった。ニクソンは、〈金の戦争〉に敗れ去ったのである。

勝者は、ヴェトナム戦争を長期化し泥沼化させた〝闇の勢力〟である。彼らが〈金の戦争〉に勝利するべく、イエスマンの副大統領ジェラルド・フォードを大統領にするのである。

フォード大統領の最初の仕事は一九七五年一月一日の大統領令であった。フォードはこの日をもって、アメリカ国民が四〇年ぶりに金を保有することを認めたのである。この前日の一九七四年一二月三一日にCOMEXで金の先物取引が開始された。

これは偶然の一致ではない。一九七五年一月一日、国際通貨マフィアがはっきりと目標を定めて、ある戦争を開始したのである。兵器は先物という名の金である。

さて、ここでもう一度、リップスに対するインタヴュー記事に戻る。リップスは意味不明のことを喋っている。人間は核心をつかれると妙なことを喋りだすのである。

ジム　あなたは著書の中で「金陰謀論」について書いています。その背後にいるのは誰で、利益を得たのは誰ですか。

リップス　銀行は金を好まないし、中央銀行や政府にも同様なところがいくつかある。陰謀があったとは考えられない。というのは、連中の大半はそれをやり遂げられるほど利口ではないと思うからである。お金儲けは金融機関の利益に適《かな》うことであるし、金は現在の通貨制度にそぐわない。ある意味では、金は、世の中のどこがおかしいかを教えてくれるバロメーターである。不換紙幣の擁護者が金を駆逐したがる理由はそこにある。メディアもまた、金の役割は終わったと大衆に思い込ませる仕事を見事にやってのけた。

リップスは質問に正確に答えていない。インタヴュアーのジムは「金陰謀論の背後に誰がいるのか、そして利益を得たのは誰か」と聞いている。利益を得た者を特定できない陰謀はただの空論にすぎない。たしかに、中央銀行の金塊を奪った人間たちが陰謀論の背後にいて利益を得たのである。チューリッヒのロスチャイルド銀行の設立に参画したリップスこそが、その陰謀論の背後にいて、利益を得た一人なのだ。

私は国際通貨マフィアたちが、COMEXに金の先物取引を持ち込み、同時に、フォード大統領に金を持つことの自由をアメリカ国民に与えさせたと思っている。

COMEX設立の場面から見てみよう。この設立の場面から、「沈黙の兵器」は不気味な風を金の市場に吹きつけたことが分かるのである。

NY商品取引所に金が登場し、デリバティブの世界が演出された

池永雄一の『ゴールド・ディーリングのすべて』を再度引用する。ニューヨーク商品取引所（COMEX）における金の先物取引について書かれている。

ニューヨーク市場の他の市場との大きな違いは、この先物市場での金融オペレーション、つまり鉱山会社のヘッジや投機家（個人や商品ファンド、ディーラーなど）のスペキュレーションなどが活動の中心となっており、他地域の市場がことごとく現物の調達・供給の必要性から生まれ、発展してきたという点を考えると非常に特異な市場と言える。現在世界中で活発に貴金属を取引している先物取引所はニューヨークと東京だけであると考えてよいが、先物取引が明らかに現物取引をリードしているのはニューヨークだけである。

次に、日本経済新聞社と日経産業消費研究所編による『GOLDのすべて'93』から引用する。

コメックスでの取引量は一日に三〇〇万トロイオンス（九三トン）近くにのぼっています。世界の供給量が九一年で二八一五トンなのでわずか一カ月で、世界の年間供給量分を

売買してしまうわけです。最近は金の価格の変動が小さくなり、それとともに値上がり（もしくは値下がり）による利益を狙った資金の流入が減ってきたことから、ニューヨークの地位は徐々に下がっています。それでも、依然、取引量は世界一で、価格の主導権を握っていることに変わりはありません。

この二冊の本の記述を不思議に思わなかったであろうか。それは、いくら先物市場といっても、リアルな〝金〟がなくて先物の金の商いが可能なのか、という点である。日本人が書いたたくさんの金の本の中に、COMEXでの先物取引に関する記事が必ず出てくる。しかし、これらの本の著者たちは例外なく、先物取引だから、実物の金は存在しなくてもかまわない、という点でほぼ一致する。これはとても奇妙な話である。

それでは、この問題の謎を解くために、ティモシー・グリーンの『ザ・ニューワールド・オブ・ゴールド』を読み解いてみよう。

一九七五年一月二日は、金の歴史の中で記念すべき日として記されねばならない。四〇年以上の禁止の後ですべてのアメリカ人が法的に金を買うことができるようになったからだ。（略）金塊の価格は金の仲買人たちが予期したように、前例のない一オンス一九七・五〇ドルにまで上がった。

ティモシー・グリーンが書いているように、金価格は一気に一九六〇年代の四五ドルあたりから四倍近くに値上がりした。しかし、アメリカ人は四〇年以上も金を持たぬ習慣であったため、一時的な熱狂は去る。だが一九七七年から再度値上がりする。グリーンはアフガニスタンへのロシアの侵攻ゆえであろうとする。他の金の本を見ても、この一九七七年からの急激な金価格の上昇を世界的危機の発生ゆえとする。

私は一九七七年から一九八〇年にかけての金価格の上昇、そして一九八〇年からの金価格の下降は人為的なものと考えるのである。

アメリカの先物市場の中心はシカゴであった。シカゴの先物取引所（ＩＭＭ）はニューヨークのＣＯＭＥＸよりも規模が大きかった。一九七五年一月一日の金売買解禁と同時にＣＯＭＥＸとＩＭＭは、ほぼ同時に金の先物取引を開始する。しかし、ＩＭＭはＣＯＭＥＸに敗れ、金の先物市場から去らざるを得なくなる。

最終的にカナダの金先物市場も敗北する。ＩＭＭはＣＯＭＥＸと提携を結ぶというかたちで、ＣＯＭＥＸのみがアメリカの金の先物取引所となる。

どうしてＣＯＭＥＸの勝利となったのか。それは、ＣＯＭＥＸにはロンドンとチューリッヒのバックアップがあったからである。

先物取引とはいえ、いつの日か決算しなければならない。金が欲しいという客の希望に応じないわけにはいかない。ＣＯＭＥＸが他の取引所を追放し得たのは、「readily interchangeable」の一言であった。「いつでも即座に金に替えられます」がＣＯＭＥＸのキャッチ・フレーズで

金価格の変動と〈金の戦争〉

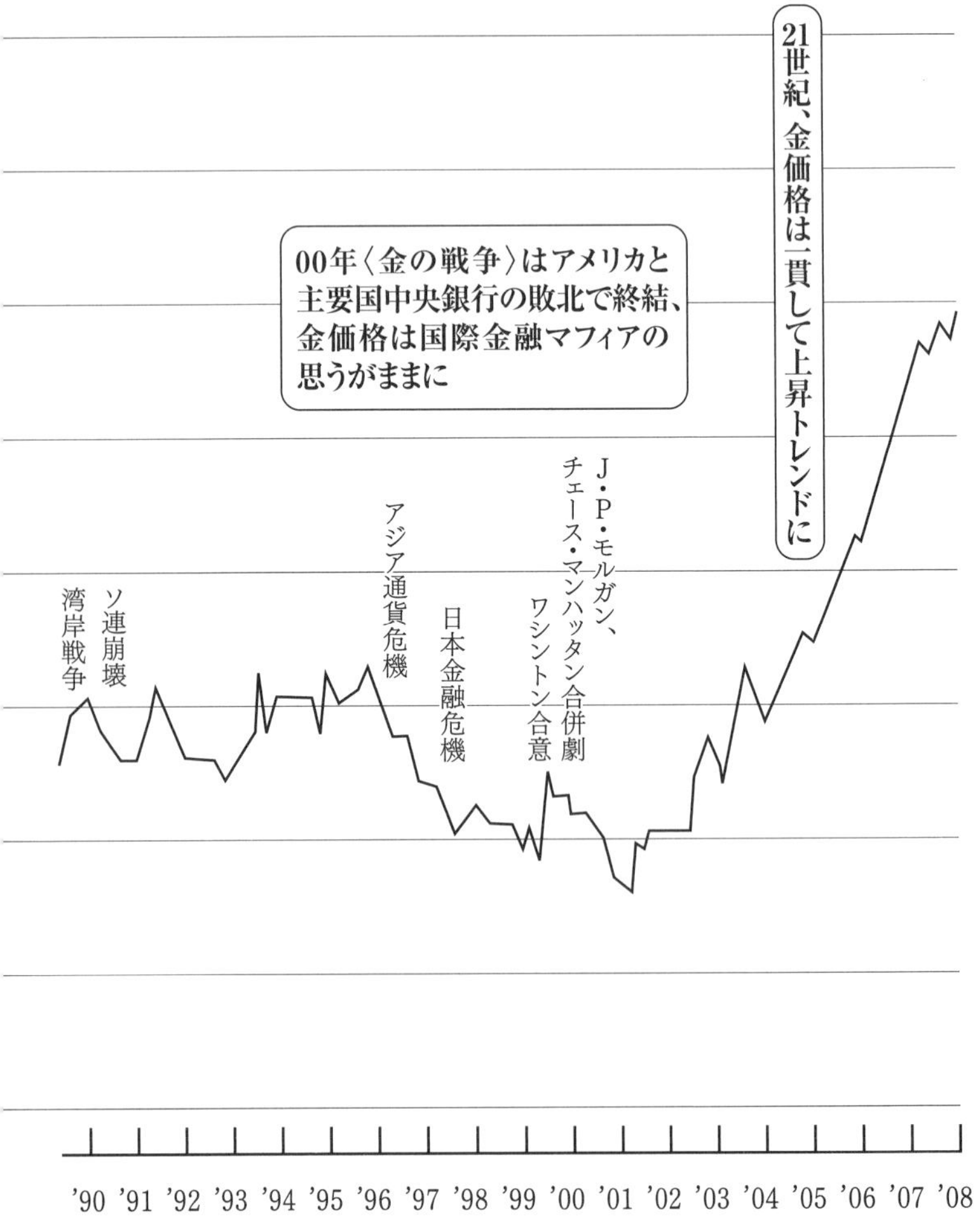
21世紀、金価格は一貫して上昇トレンドに
00年〈金の戦争〉はアメリカと主要国中央銀行の敗北で終結、金価格は国際金融マフィアの思うがままに
湾岸戦争
ソ連崩壊
アジア通貨危機
日本金融危機
J・P・モルガン、チェース・マンハッタン合併劇
ワシントン合意
'90 '91 '92 '93 '94 '95 '96 '97 '98 '99 '00 '01 '02 '03 '04 '05 '06 '07 '08

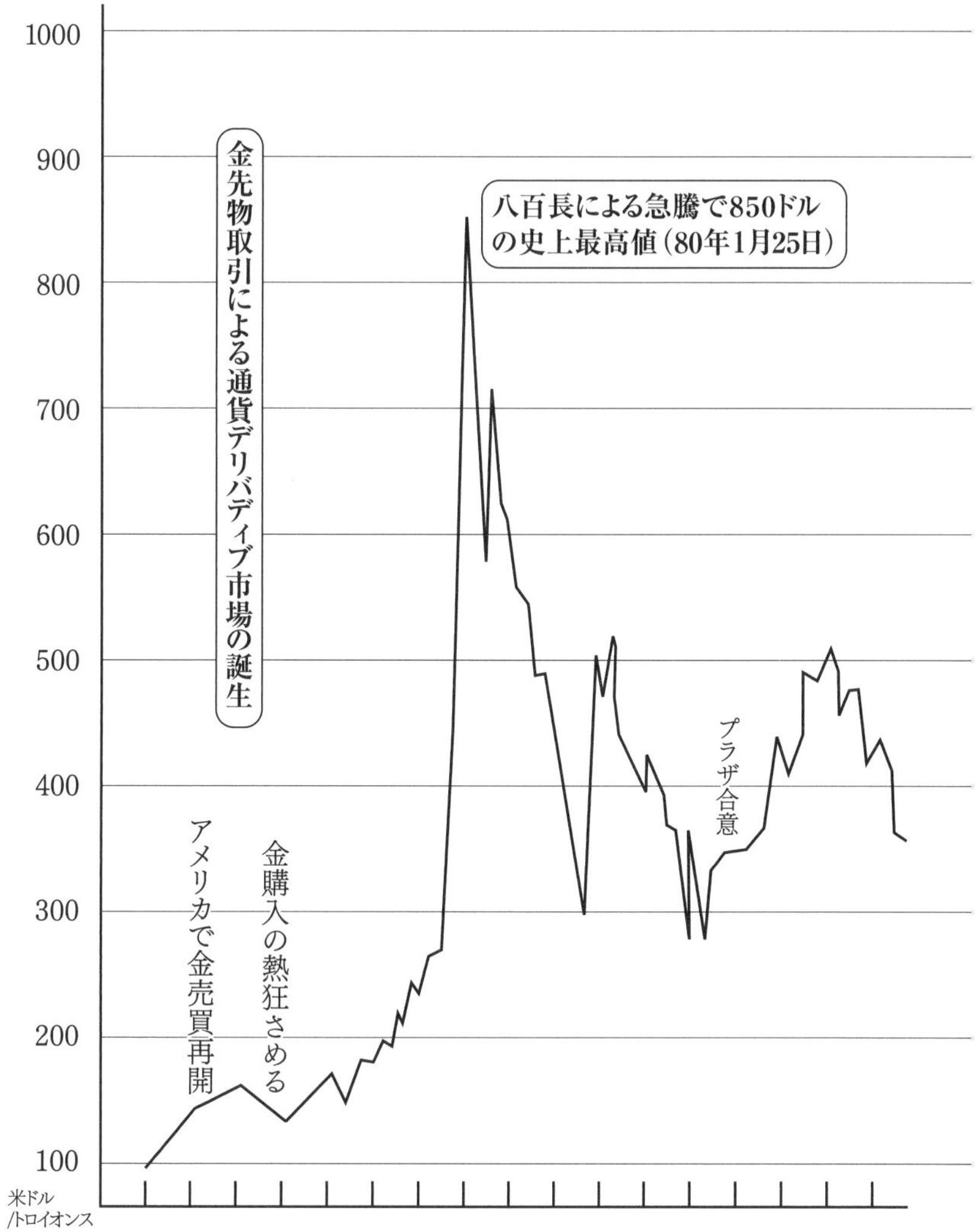
金先物取引による通貨デリバディブ市場の誕生
八百長による急騰で850ドル
の史上最高値(80年1月25日)
アメリカで金売買再開
金購入の熱狂さめる
プラザ合意
1000
900
800
700
600
500
400
300
200
100
米ドル
/トロイオンス
'73 '74 '75 '76 '77 '78 '79 '80 '81 '82 '83 '84 '85 '86 '87 '88 '89

あった。たしかにＣＯＭＥＸは大量の金をストックし、四〇数年間も金を持つことができなかったアメリカ人の投機心に火をつけた。そして、大量の金が一九七七年〜八八年にかけてアメリカのみならず世界中に溢れた。その金の行方を追うと、〈金の戦争〉がどんなものであったかの意味が分かるのである。

ティモシー・グリーンは次のように書いている。

　ＣＯＭＥＸとＩＭＭは金の取引で全く新しい局面を迎えた。ヨーロッパの金鉱山の生産高が一年に一〇〇〇トン以下であることを知らねばならない。ここ数年間、この金地金《じがね》の配分はまず主としてロンドンそして今はスイスの市場が持っているのだ。しかし、一九八三年にＣＯＭＥＸとＩＭＭは三万四〇〇〇トン近くの取引をしたのである。

一九八三年、金の先物市場でＣＯＭＥＸが八五％の取引をし、ＩＭＭは八％となり、ＩＭＭはＣＯＭＥＸの勝利を認めた。アメリカの先物市場はほぼＣＯＭＥＸのみとなった。

かくしてＣＯＭＥＸは残ったが、その商いの金のほとんどはペーパーゴールドとなったのである。ティモシー・グリーンは「この金の先物取引の主役たちは、ゴールドマン・サックス、モカッタ・メタル・コーポレーション、モカッタ・ゴールドスミス・イン・ロンドン、フィリップ・ブラザーズ……」と書いている。そして、「なによりもモルガン・ギャランティの影響力が大きい」とも書いている。

一九七五年、ロンドン金価格は一オンス一八六・二五ドルであった。一九八〇年には八五〇・〇〇ドルとなる。その前年の七九年は五二四・〇〇ドルである。ではどうして、短期間に金の価格がこれほど上昇したのであろうか検討してみることにしよう。

私は書いてきた。金鉱山から出てくる金の数百倍の金がCOMEXで取引されるようになったと。それは、通貨体制の崩壊を悪用した国際通貨マフィアが金の先物取引をすることにより、通貨デリバティブ市場をつくったことになるのだ。これは金の先物取引だけの問題ではない。変動為替相場制を利用した為替ヘッジである。

昨今、盛んに行なわれている「スワップ」とか「オプション」とかは、すべてこの先物取引市場から始まったといっても過言ではなかろう。ありもしない現物の金地金を、さも大量にあると偽って、多くの人々をカジノに連れ込んだのである。

誰が一番儲かったのか。それはCOMEXというカジノを背後で経営する国際通貨マフィアたちにちがいない。しかし、裏には裏がある。ひょっとすると、カジノを経営する者たちも欺《あざむ》かれていたのではないのか。誰にか。ロンドンとチューリッヒで金の現物取引をするマフィアの中のマフィア、デル・バンコ一族にである。すこしだけ、この一族のことに触れて次項に移ろう。

デル・バンコ一族の故郷はイタリア北部のロンバルディアである。ここにスコシア・モカッタなる銀行がある。イギリスのロンバルディアも、イタリアのロンバルディアが由来である。彼らは税金のかからないベネチアに資金を移した。イギリスのロンバルディア街もアメリカのウォール街も、ベネチアが支配するデル・バンコの一派である。シティと名のつく銀行もこのデル・バンコ一族の支配下にある。

彼らデル・バンコ一族は、ロンドンの金融街シティを中心に世界を動かす。ロンドン金市場、チューリッヒ金市場で金地金の価格を決めるのは、このデル・バンコ一族である。彼らがアメリカの経済を実質的に支配している。しかも、このデル・バンコ一族は、世界経済の支配を企んでいる。そして、世界中の金塊を掌中に入れようと考えた。それゆえ、ニクソン・ショックを演出し、ニクソン大統領を追放した。次に彼らは金の先物取引所をニューヨークにつくり、金地金の価格を一気に数倍にしようとする。どうしてか。彼らがすべての金を略奪するためである。その謎解きをしようと思う。

この謎解きのためのヒントがある。広瀬隆の『赤い楯』に次なる記述がある。

消滅したと言われるモルガン一族の財産が別の形をとってバーゼルに隠されていることも、資本の流れを歴史から読み取れば、間違いのないところである。その巨財がロスチャイルド家に託されるのは、ＪＰモルガンを育てた財閥形成史のうえから、起こるべくして起こった結末であろう。

この広瀬隆の『赤い楯』は一九九一年に書かれた。文庫化は一九九六年である。

私はどうしてこの文章を引用したのか。それは、広瀬隆がこの文章を書いた時点では、ＪＰ

モルガンという銀行は存在していたのである。この財閥本体の銀行は一九九九年九月一一日に突然、チェース・マンハッタン銀行と合併するのである。今はもう、JPモルガンは存在しない。残存するモルガンの名のつく投資銀行や証券会社はJPモルガンとは関係がない。

このJPモルガンの消滅の以前に、JPモルガンの財産がロスチャイルドの手に落ちた、と広瀬隆は書いている。私はロックフェラーとモルガンが代表するアメリカ・エスタブリッシュメント、すなわちWASP《ワスプ》（ホワイト・アングロサクソン・プロテスタント）たちが、〈金の戦争〉を仕掛けられ、敗北したのが二〇世紀後半の〈金の戦争〉ゆえであると思うのである。

では、一九八〇年に金の価格が急騰した謎に迫ることにしよう。

一九八〇年の金価格急騰は「八百長」だった

ロンドン・シティのある古ぼけたビルの二階の一室、これが有名な「黄金の間」である。しかし、この部屋に黄金は見当たらない。この部屋の壁には、歴代ロスチャイルド家の肖像画が掛けられている。この肖像画がロスチャイルドの偉光を世界に示しているのである。

この「黄金の間」で毎日、午前と午後の二回、ロンドンの貴金属業者五社（この名はすでに書いた）が世界各国から集まった注文を出し、売買をする。最後に売り注文と買い注文が折り合ったところで議長が価格を決定する。この価格はフィキシング・プライスといわれる。一応、これがロンドン金市場の価格決定の仕組みとされるが、これはあくまでも公式的なやり方であり、本当の決定方法は闇に隠されている。

それでは、ここでもう一度リップスに登場してもらおう。あのインタヴューである。

ジム　私のみならず皆が不思議に思っていることが一つあります。ニューヨーク市場の金の終値がロンドン市場の終値をほとんど常に下回っていますが、これはなぜでしょうか。それについてご説明いただけたらと思います。それはたいてい取引終了間際の数時間のうちに起こります。

リップス　問題はまさにそこにある。五〇日という期間を取り出し、そのうち四八日についてニューヨークの終値がロンドンよりも低いとしたら、何かがおかしい。市場が公正なら、そのようなことは起こらない。このようなことは市場の歴史始まって以来のことである。金の価格が継続的に操作されていたことの証拠として、これは格好の材料となる。

あの巨大なニューヨークの金の先物市場が、あるディーラーたちにより最終的に操作されていることを示しているのである。

池永雄一の『ゴールド・ディーリングのすべて』の一場面を引用する。

昼も過ぎてくると、欧州市場の連中が帰る時間である。ところでニューヨーク市場の得意技の一つは、ロンドン苛《いじ》めである。ロンドンやスイス勢のポジションを読み、この時間切れまでに彼らの弱いサイドに相場を振って損切りを誘う。こんなときには、既に市場のポジションは偏ってしまっている。先物市場を動かすには大した数量を必要としないことが多い。欧州勢がロングだと見れば、売り注文を浴びせていくことで取引がないままに価格が下がり、評価損に堪えられなくなった欧州勢が売りを出してくる。この欧州勢にとっては魔のニューヨーク市場の午前中に、そんなわけで欧州勢が損切るまでは下げ続け、彼らが商いを終えて帰ると戻したりする。だからファンダメンタル的な相場分析に基づく時機を一日という超短期サイクルで行うことはニューヨーク時間には通用しないと考えるべきである。

前記のリップスのインタヴューとCOMEXでのディーリングの場面を比較してもらいたい。ニューヨークで決定する先物金価格もすべて、ロンドンとチューリッヒの決定と同じという事実を私たちが知るとき、金の価格決定がデル・バンコ一族の手の内にあり、巨大な先物市場も彼らがすべて操作していることを知るのである。

それでは一九八〇年一月二一日に、今日でも破られることのない一オンス八五〇ドルの高値をつけたことに疑問を感じ、その疑問を解くべく努力してみようではないか。もう一度、リップスの発言に注目しよう。

ジム　金価格の操作のほかに、デリバティブや先物契約による巨額の空売りがあります。また、金鉱株でも空売りがあったことが最近判明しました。すると、金を売る、金を空売りするなど、彼らはあらゆる舞台で操作を行なっているように思われます。まるで「三正面作戦」です。

リップス　そのとおりである。これらの会社の資本総額に匹敵するほどの空売りが積み上がっている銘柄がいくつかあるのを発見して、私はびっくりした。それは正真正銘の投機だと私は思う。関わった連中は手ひどいしっぺ返しをくらいかねない。

リップスは金価格の操作、デリバティブや先物契約による空売りを認めている。この中で「これらの会社の資本総額に匹敵するほどの空売り」の存在も認めている。私は一九八〇年一月の金急騰は、資本総額に匹敵する空売りを仕掛けた連中のためであろうと思っている。しかし、どんな経済関係の本を見てもこの点に触れたものはない。以下、金急騰について書かれたものを紹介する。

まずは、リップスの『ゴールド・ウォーズ』からの引用である。

その後、一九七九年にはイランで革命が起こり、再度のオイルショックが訪れる。一九七三年に石油一ガロンで購入できたアメリカ産小麦は一ブッシェルであったが、二度のオイルショックを終えた後の一九八〇年代には九ブッシェルを購入することができるようになっていた。

一九七三年と一九七九年の劇的な原油価格の上昇は、世界経済に大きな衝撃を与えたが、直接的な結果は、人類史上最大の富の移転だった。石油価格が四倍にもなったことで、極めて短期間に多くのエネルギー生産者が超億万長者へと変身したのだ。かくて産油国の投資家の金に対する需要が爆発的に増大した。OPEC諸国政府も金市場に参加した。実は一九七四年以降の金市場における最も重要な変化は、産油国の中央銀行（もしくはその他政府機関）が金を購入したことである。インドネシア、イラン、イラク、リビア、カタールならびにオマーンなど、すべての国家が金を買っていたのだ。

金急騰に関するリップスの見解である。彼はこの急騰に金操作を見ないのである。もう一つの本を紹介する。日本経済新聞社・日経産業消費研究所編の『GOLDのすべて'93』である。

金は八〇年初頭に市場最高値に進みました。温故知新、当時を振り返ってみましょう。第二次石油危機のピーク、インフレ率はぐんぐん上がり、狂乱物価が世界を覆っていました。米ドルへの信任は低下する一方でした。旧ソ連のアフガニスタン侵攻、旧ソ連を悪魔の帝国と呼ぶレーガン米大統領の登場、米ソの対立は国際政情不安を大きくかき立てていました。不安からの逃避手段は貴金属とあって金、銀、プラチナが競い合って最高値となったのです。文字通り〝有事の金〟の時代だったといえます。

ほとんど、否、一冊の例外もなく、石油の急騰、旧ソ連のアフガン侵攻の危機の中に、金の一オンス八五〇ドルの史上最高値の意味を見るのである。そして、〝有事の金〟という常套句で説明する。

〈金の戦争〉どころか、金そのものについて語ったり、書いたりする経済学者もいない。ケインズ、フリードマン、サミュエルソン、そしてガルブレイズにいたるまで一人もいない。未来学者たちも語らない。グローバリズムを否定するノーベル賞学者のスティグリッツも金に関しては沈黙を守っている。

私はたくさんの経済学者の本を読んできた。この本を書くにあたり、数十冊を読みなおした。そして理解した。彼らは間違いなく、「金に関して沈黙を守れ」と言われているに違いないと分かった。どうしてか。答えは一つだ。この世の中の本当の仕組みを、一般大衆が理解するようになるからだ。

物品の価格操作のみならず、株式市場も全部操作されたものであることがばれるからだ。

バブル経済の正体がばれるからだ。

富がどこに偏在するかがばれるからだ。

私はあらためて彼らの本を読んで理解した。ノーベル賞を貰っている経済学者の本も、本当はこの世の経済の実体を何も書いていないことを。

日本の経済学者の本もこの本を書くにあたり、数十冊は読んだ。そして理解した。日本の学者とか、自称「経済の専門家」とか「気鋭のアナリスト」とかいう人々は、競輪競馬の予想屋と同じタイプであることを。競輪選手はころべば傷つくが、彼らは傷つくことはない。心さえもだ。

私は次項で、一九八〇年一月二一日の金価格一オンス八五〇ドルが八百長の結果であることを証明する。そして、この八百長こそ、〈金の戦争〉の正体であることを。

二〇世紀とは、八百長がらみの〈金の戦争〉の時代であったことを私は証明しなければならない。どうしてか。この事実を知ることなく、私たちは二一世紀を生きたなら、大きな不幸が襲ってくるからである。

史上最高値一オンス八五〇ドルへの過程を見る

ＣＯＭＥＸが先物の相場市場を開設した一九七五年の一月、そして六月、そして一九七八年と一九七九年にも、合衆国財務省は保有する金（当時八〇〇〇トンといわれていた。実際は八〇〇〇トンを大きく下回っていた）の約六％（これも公式発表にすぎない）を競売にかけたのである。財務省の弁明は、「金およびその他のいかなる産物も、通貨制度の適切な基盤とはならない」というものであった。

一九七九年の八月、一オンスが八五〇ドルとなる四カ月ほど前、ＩＭＦ委員会が二つの重大な決定を下した。一つは「金の公定レートを廃止する」こと、もう一つは「ＩＭＦが保有する金の一部を競売にかける」ことである。

読者にここで問うことにしよう。一オンス八五〇ドルに達する金価格急騰の直前に、合衆国財務省とIMFがどうして金を投げ売ったのか、説明できますか。

私もこの難問にひっかかっていた。そしてこの難問が解けたとき、私は〈金の戦争〉の空恐ろしさを、私なりに理解したのである。

その解のヒントの一つは、本章の冒頭で私が引用した「readily interchangeable」の表現の中にあった。

COMEXは単なる先物市場ではない。「どんなに大きな注文にも応じます。そのために、要望に応じて、いつでも金を用意しています」との意がこの表現の中にこめられている。では、どうして大量の金をCOMEXは市場開始の前に用意できたのであろうか。この疑問を解く鍵がリップスの本の中に書かれていた。文中、「一九八〇年代初頭」とあるのは、私は故意の偽りと思っている。「一九七〇年代初頭」であろうと思っている。

さて、金は銀行券と同じく、ただ保有しているだけでは何も生み出さない。一九八〇年代初頭、想像力豊かなウォール街のディーラー数名が、この現実を変える方法を考えついた。ゴールドローンと金の先物売りが、その方法である。そして彼らは、このアイデアを金の保有者や金鉱所有者たちに売り込んだ。

「ゴールドローン」と「金の先物売り」は、COMEXが出来てから始まったのである。リップスはそれでも、半分は真実を語っている。

「想像力豊かなウォール街のディーラー数名」とあるのも変だ。たぶん、ロンドンとチューリッヒで金の現物取引をしているデル・バンコ一族であろう。

さて、リップスは、この〈金の戦争〉のすごい内幕の一部を私たちに教えてくれるのである。

かくて、それまで「非生産的」な金準備を大量に保有しているだけだった中央銀行は、保有する金を貸し出して利子を受け取るようになった。利率は「金リース・レート」と呼ばれ、通常年利一～二％の水準で変動する。貸し出された金は、今度は金鉱山会社に対して三～四％の範囲の利率で、再度貸し出される。これは金生産会社にとっては、低利での借入と同じことになる。金鉱山会社は、採掘した金で借入分を返済できるから、借り入れた金を現物市場で売却して現金を手にするか、先物市場で売却して、より高い金価格を将来に繰り延べることが出来るようになった。

ここで〈金の戦争〉の内容がおおよそ理解できるようになった。以下は私の解説である。

——まずデル・バンコ一族は、金の先物市場を創設することを考えた。そのためには金を用意しなければならなかった。彼らが狙いを定めたのは、各中央銀行の地下に退蔵されている金塊であった。主に動いたのは誰か。私は国際決済銀行（ＢＩＳ）の幹部たちが実行部隊であろうと推測する。ＢＩＳはユーロダラー市場を支配し、私的銀行ながら、「中央銀行の中の中央銀行」といわれていたのである。この幹部連中はすべて、デル・バンコ一族である。

アメリカのエスタブリッシュメント、すなわちＷＡＳＰ《ワスプ》たちは、金の商売で一獲千金を狙っていた。そこに金の先物市場の話がロンドンとチューリッヒから持ち込まれた。これには贅沢なプレゼントがついていた。中央銀行の金塊を当時の金相場の一～二％で借りられるというものであった。ＷＡＳＰの代表的な銀行のチェース・マンハッタンとＪＰモルガンがこの申し入れを受け入れて、他の銀行、そして投資銀行（証券会社とほぼ同じ）のゴールドマン・サックスやリーマン・ブラザーズなどもこの金の借入に加わった。

この密約はリップスの本が二〇〇二年に出版され、はじめて明らかになったのである。中央銀行から、どれだけの金が各銀行へ貸し出されたのかは判明しない。この点は後章で検証することにする。

しかし、この中央銀行がその金塊をＣＯＭＥＸに貸し出したことで、財務省とＩＭＦが一九七五年から七九年にかけて金を放出した理由がはっきりしてきたのである。

一九七三年、一オンスの最高値は一二七ドル、年平均は九七・二二ドル。そして一九七四年、ＣＯＭＥＸ開始の年、一気に金価格は上昇に転じ、最高一九七・二五ドル、平均一五九・一八ドルとなった。一九七五年、最高は一八六・二五ドル、平均一六一・六〇ドル。

ＣＯＭＥＸ開設の準備に入ったとき、たぶん開設の一年前のことであろうが、一オンスの平均は九七・二二ドルである。中央銀行から借り入れたときの約束で、年率二％としても一オンスが一〇〇ドル前後だとその金利も安い。借り入れをした銀行や証券会社は、リップスが書いているが、この借り入れた金塊を売却し、他の営利の事業に回したのである。低利の金利を支払えばすむという安易な気持ちからであった。ここに、デル・バンコ一族が狙った狡猾な遠望があったのだ。

ＣＯＭＥＸ市場を通じて金価格を上昇させる。この時点で、ロンドン市場とチューリッヒ市場も連動して金価格は上昇する。

誰が一番儲かったのか。現物の金を持ち、これを高値で売りぬけた国際通貨マフィアである。誰が一番損をしたのか。一オンス一〇〇ドル（あるいはそれ以下）を信じ、安い金利を支払えばよいと思い込んだチェース・マンハッタンやＪＰモルガン、バンク・オブ・アメリカ……のアメリカの中枢を担う主力銀行であった。リップスも書いているが、金のデリバティブに一番のめりこんだのは、チェース・マンハッタンとＪＰモルガンの両銀行であった、と。

彼らは安易に考えた金利が倍になり、三倍になり、四倍になり……、その経営を圧迫しだしたのに驚き、財務省とＩＭＦに泣きついたのである。

こうした中で、金価格の相場に財務省とＩＭＦが加わるのである。財務省は金塊を市場に売り出し、金価格の上昇をおさえようとした。しかし、売り出しの真意は隠さねばならなかった。理由はいたって簡単である。それは「アメリカそのものが、国際通貨マフィアに狙われた！」からである。この事実はどんなことがあっても伏せねばならなかったのだ。

財務省は「金およびその他のいかなる産物も、通貨制度の適切な基盤とはならない」という発表をした。またIMFは金急騰の四カ月前に保有する金の一部を競売にかけたのだが、このとき、「金の公定レートを廃止することに同意する。競売の売上げは発展途上国のために使われるとともに、一部が加盟国に返還される」と弁明した。金の退蔵が中央銀行のあいだの慣習であった。この金の退蔵こそが、有事の救いになると政府も国民も暗黙に了承していたのである。この退蔵の金が市場に競売にかけられるようになったのである。しかし、ほとんどの人々は、この金の競売の意味を知らなかった。ただ〝有事の金〟のスローガンだけがひとり歩きしだした。多くの人が競売にかけられた金に群がったのである。

ピーター・バーンスタインは『ゴールド――金と人間の文明史』の中で当時の状況を描写している。

一九七九年には倍の五〇〇ドルになった。その時代の精神を反映して、有名な喜劇女優のベット・ミドラーは、一九七八年七月三日にヨーロッパ・ツアーへ出発しようとしたとき、六〇万ドルの出演料を合衆国のドルではなく南アフリカの金貨で支払うよう要求した。一九七九年三月一二日付の『ビジネス・ウィーク』の表紙の見出しは、「合衆国の力の衰退」だった。その横には、涙が頬をつたう自由の女神の顔写真のクローズアップが掲載されていた。合衆国の経済への嘆きの声はいたるところで聞かれた。問題のほとんどは、その地で起こったものだった。アメリカは自国の成功の犠牲になっていたのである。

第四章◉

アメリカの衰退とデル・バンコ一族の野望

金急騰で誰がいちばん儲けたか

ピーター・バーンスタインの『ゴールド――金と人間の文明史』を続けて引用する。

（一九八〇年）一月二一日、金《きん》の価格は八五〇ドルという記録的な高値をつけた。商品相場のブローカーのジェームズ・シンクレアは、その状況を次ぎのように要約している。「市場を信じるなら、われわれは第八次世界大戦を戦っているのだ」。その日の午後、カーター大統領が、合衆国は「世界最強の国家でありつづけるために必要ないかなる代価も支払わなければならない」という声明をだした。そのコメントのおかげで、金と外国為替市場は落ち着きを取り戻したようだった――金の価格は、その日の取引が終わるまでに五〇ドル下落した。

実際、市場の気分は突如として一八〇度転換した。一月二二日、金の価格は一四五ドルも急落した。一九八一年の高値は、一オンス五九九ドルだった。一九八五年までに、金の価格は三〇〇ドル前後まで下がった。その後の高値に簡単に触れておくと、一九八七年の株式市場の暴落のあとは四八六ドルだった。一九九七年の末には三〇〇ドルを割った。八年もしないうちに、六〇パーセント以上も安くなってしまったのだ。

この文章の中のジェームズ・シンクレアの言葉に注目したい。「市場を信じるなら、われわれは第八次世界大戦を戦っているのだ」

私は正直のところ、第八次世界大戦という言葉の意味が分からない（おそらくは「聖書」の世界観であろう）。しかし、この市場で起こったことが「世界大戦」であるという、商品相場のブローカーの言葉の重さを認識するのである。まさに、この一オンス八五〇ドルへの急騰の過程はアメリカの命運がかかった戦争のクライマックスであったのだ。この戦争の意味するところを、バーンスタインはそれとなく書いている。

一九五九年、金への投資総額は、合衆国の全普通株式の市場価値の約五分の一だった。一九八〇年、金に投資された一六兆ドルは合衆国の株式の一四兆ドルという市場価格を上回っていた。クロイソス・カール大帝、ピサロたちが生きていて、彼らの大切な金がこうして意気揚々と行進するのを見たらどう思っただろう。

この文章を読むと、一九八〇年だけで合衆国の全株式の一四兆ドルという市場価値を上回っていることが分かる。この年の高値のピークは一月二一日である。すると、一九七九年のほうが金への投資総額が上回っていることが考えられる。一九七二年の初めに四六ドルであった金の価格が急に上昇していくのである。この金市場の狂乱状態が巨大な投資によって上昇したことが分かるのである。ここで一つ単純な質問を読者にする。

（一）金価格が上昇して儲けたのは誰ですか？
（二）金価格が上昇して損をしたのは誰ですか？

金価格の上昇のために巨大な資金を投入した仕手集団がいた。彼らは金が値上がりすることで巨大な利益を得ることができた。彼らとは間違いなく、金を実質的に支配し、所有するデル・バンコ一族であった。

では損をしたのは誰か。ＣＯＭＥＸの先物市場開設に加わったアメリカの銀行・証券会社である。彼らはある時点で、各中央銀行から金を借りた。年率一～二％であった。その金は、リップスも書いているが、当座の臨時資金として売ってしまった。たぶん、ＣＯＭＥＸの準備資金に化けたのである。

金価格が上昇し、一オンス八五〇ドルとなった時点で、アメリカ大統領が登場した。巨額の投資資金を導入し、金価格をつり上げたということは、巨額の投資資金が導入され、これを迎え撃つべく金価格の下降を狙った動きがあったことを示している。合衆国財務省もＩＭＦも、金価格を下げる

ニューヨーク商品取引所（ＣＯＭＥＸ）

べく金の放出をつづけた。しかし、金価格は上昇をつづけたのである。

私は、一九八〇年の投資額一六兆ドルをはるかに上回る、おそらく二〇兆ドルを超える資金が一九七九年にCOMEX市場に投入されたとみている。

それでも金価格は下がらない。それを見た商品相場のブローカーのジェームズ・シンクレアが「われわれは第八次世界大戦を戦っているのだ」と要約したのである。第八次世界大戦とは、「ハルマケドンの戦い」を意味するのか。しかし、もう一度書く。アメリカの経済学者たちは一人として、この戦争について書かないのである。アメリカは間違いなく一九八〇年代から衰退期に突入するのである。

その原因の第一に私は、一九八〇年一月二一日の金価格の上昇のピークを挙げる。どうしてか。アメリカのドルが大量に大西洋を渡っていったからである。そしてまた、アメリカ財務省の保有する金地金《じがね》がこの一九八〇年前後の数年間でほぼ全滅に近いほどに消滅してしまったからである。今日、アメリカのニューヨーク連邦準備銀行の地下金庫室にも、フォート・ノックスの金庫室にもほとんど金地金はないはずである。

二一世紀の今日でも、アメリカが金本位制に戻るという話をまことしやかに語る経済学者や経済評論家がごまんといる。彼らは〈金の戦争〉でアメリカが金を失ったことを知らないのである。アメリカの財務省は、ただ一つ、ドルを大量に印刷してバラまくだけである。

では、ここで視点を変えてみよう。金急騰を演出したスイスのデル・バンコ一族について書くことにしよう。彼らが数十兆ドルの資金をどうしてアメリカのCOMEX市場に投入しえたのかを見てみよう。

一九六〇年代から七〇年代にかけて、アメリカの繁栄にかげりが見えだした頃、スイスの銀行業に対して風が逆風となった。「民主化」、すなわち銀行の秘密口座のオープン化を求められだした。しかし、銀行家たちはこれらの要求を斥けた。彼らの言い分はこうだった。――スイスの銀行は、ナチス政権がドイツ系ユダヤ人の貯蓄を調べることを防止する目的で可決された一九三四年の法律によって、口座の情報を漏らすことを禁じられている――というものであった。

これらの秘密情報（特に秘密口座）も、ある種の犯罪に対してはインターポールやアメリカ政府に提供されてはいる。だが、スイスの銀行は金融データを政治目的のために漏らすことはしていない。従ってスイスの銀行には、何万もの番号だけの「政治口座」がある。

それらの秘密口座の資産とは別に、一九七八年末の時点、すなわち、あの金価格急騰を演出した時点で、一一五〇億ドルの外貨預金とさらに一二三七億ドルの有価証券を保持していたのである。一九八〇年代にスイスの銀行の保有高は一兆ドルの大台に乗ったのである。当然、秘密口座に入

金塊が保管されている「はず」のフォート・ノックス

った資金も流用できる。他に莫大なユーロダラーを持っている。その上にドル建てに換算すれば天文学的な数字となる金塊を持っている。

この通貨（ここではドル）がCOMEXを狂乱状態におとしいれた投資の大部分であろう。もちろん、チューリッヒのロスチャイルド銀行もスイスの三大銀行と行動をともにしたであろう。ロンドンの「黄金の間」に集う五大銀行、スイスの三大銀行がグルとなり、金への投資を増大させたのである。そして、何よりも、この戦争を継続することにより、間違いなくスイスの山中に世界中の中央銀行の金塊が入り込んでいくのである。

ギー・ド・ロスチャイルドの『自伝』に〈金の戦争〉の裏を読む

二〇〇七年六月、ロスチャイルド家のフランス支族の長老、ギー・ド・ロスチャイルドが亡くなった。九七歳での死であった。

ギー・ド・ロスチャイルドは七四歳のとき、『ロスチャイルド自伝』を世に出した。この自伝の最終章は「ラフィット通りは死んだ」である。この最終章は簡単に記すならば、一九八一年に、ギー・ド・ロスチャイルドの銀行が国有化されたことである。

では、この最終章の最初の部分を引用する。

一九八一年五月二一日、私の誕生日に、フランソワ・ミッテランはエリゼ宮に入った。

選挙運動のあいだ、私は銀行の国有化を信じないほうを選んでいた。たしかに、この措置は一九七八年の「共同計画」の中で優位を占めていた。しかし社共両党の同盟の解消、立法議会選挙における同盟の失敗は、この計画に含まれたマルクス主義的発想のこの措置を事実によって放棄するように見えた。実際、一九八一年のミッテランの大統領選挙運動は穏健な兆しのもとに進められ、「静かな力」というスローガンで顕示されていた。私は告白して言うが、ミッテランがジスカール・デスタンとの対話のさいにすべての銀行を国有化する考えであると公表するのを聞いたとき、私にとっては驚きだった。

結論を書く。一九八一年、ギー・ド・ロスチャイルドの銀行である「ロスチャイルド銀行」は国有化されるのである。一九八一年の国有化のあと、同家と政府のあいだで折衝が行なわれ、一九八四年に銀行業再開の認可がおりる。しかし、「ロスチャイルド銀行」という名称は用いないという条件付きであった。そこで同家は同年七月にダヴィッド・ロスチャイルド（ギーの長兄）を頭取とする「パリ・オルレアン銀行」という名称の銀行にする。一九八八年に「ロスチャイルド会社銀行」と行名変更する。

ギー・ド・ロスチャイルドの悲しみに満ちた文章を引用する。

……改革されて非常に大きくなった一つの銀行、フランスの多国籍会社イメタル……は没収され、私の業績に終止符が打たれた。私は三五年間、無駄に働いてきたのであった。

一九八〇年の末、わが家族は一グループを管理していたが、その銀行部門は姉妹社を含めて一三〇億の収支決算表、二千人の従業員、七万人の客という数字にあらわれていた。工業と商業の部門では姉妹社と孫姉妹社を含めて、世界中に三万人の従業員をかかえ、連結された一四億の固有資金をもち、概算二六〇億の事業を営んでいた。これらすべての重要な組織は、ラフィット通りの建物だけの価値……八〇パーセントに相当する総額の補償で、接収されたのである。

これは最終章のほんの一部である。全編この調子である。ギー・ド・ロスチャイルドは次のようにも書いている。

社会主義者の検事たちはロスチャイルド家を経済の町から追放した。ロスチャイルド家に残るものは、いくつかの断片だけであろう。たぶん、何一つ残らないであろう。ペタンのもとではユダヤ人、ミッテランのもとではバリア（インドの不可触民）。私にとってそれで十分である。一回の人生の中で瓦礫の上に二度再建するというのは、余りにも過大である。

強制的に引退させられた私は、ストライキ実行者でありたいと思っている。

これらの引用した文章を読むと、ギー・ド・ロスチャイルドがフランソワ・ミッテラン大統領により、破滅一歩前まで突き落されているようにみえてくる。しかし、これには裏があった。

私はこの〈金の戦争〉について書くと決心して、一九八〇年の金価格急騰について考えを巡らしているとき、ギー・ド・ロスチャイルドの『自伝』を思い出したのである。

私は直感した。ギー・ド・ロスチャイルドがその財のすべてを投げ打って、この〈金の戦争〉に大金を投資したのではなかったのか。それで、ミッテランに救いを求めたのではなかったのか……と。

私はパリに住む一人の日本人女性（彼女はフランス人と結婚されている）に手紙を書いた。このミッテランによる、ロスチャイルド銀行の没収には裏がありませんか……という内容であった。私の狙いは適中した。彼女は次のように書いた手紙を送ってくれた。

ミッテランが、つぶれかけていたロスチャイルド・バンクを国有化して、結局は、フランスの納税者のおかげで助かったという記事が「challenge（シャロレン）」という週刊誌がフランスのロスチャイルドの特集で今春掲載したときに出ていました。

私は納得した。一九八一年、ギー・ド・ロスチ

ギー・ド・ロスチャイルド男爵（2007年没）

ャイルドの銀行、企業が倒産しかけたのである。それをロスチャイルド家に育てられ、大統領にしてもらったミッテランが恩返しのために、フランス国民の税金で一時的に国有化し、利息をつけて再度、ロスチャイルド銀行の再興のために尽くしたのである。

ミッテランはクレムリンと穀物取引をする「ルイ・ドリュフェス商会」の使用人として人生の第一歩をふんだ。このユダヤ系の穀物商社は「バルト三国の独立を認めるな」とミッテランを脅しつづけた。その背後に、ギー・ド・ロスチャイルドがいた。ミッテランの側近の女性がカロリーヌ・ド・マルジュリー夫人で、ギー・ド・ロスチャイルドの友人であった。この女性の夫がロスチャイルド銀行の重役だった。ギー・ド・ロスチャイルドはこの重役を国有化の担当者にし、ミッテランを動かしていたのである。

ギー・ド・ロスチャイルドの『自伝』の最後は次の文章で終わっている。

敗れたと自ら告白したときに人は初めて敗者となる、とフォシュ（フランスの元帥、一八五一－一九二九）は言った。そこで、この教訓に力付けられて、また自分自身が若者であるかのように、私は別のスリッパを探しはじめようと考えている。私はそれを入手できると期待している。人生の本義は、決して死なないために戦う、ということに存するのである。

私は一九八四年にダヴィッド・ロスチャイルドを頭取とする「パリ・オルレアン銀行」とい

う名称の銀行が誕生したと書いた。このダヴィッド・ロスチャイルドが今、イギリスとフランス、否、全世界のロスチャイルド家の当主である。ギー・ド・ロスチャイルドはロスチャイルド家の本当の意味での当主であった。そして息子にその地位をゆずり、二〇〇七年六月に他界した。

ダヴィッド・ロスチャイルドは父の遺志を継いで、〈金の戦争〉に勝利した後の、ユダヤの本当の王としてこれから振る舞うはずである。ロスチャイルドは〈金の戦争〉での勝利だけでは満足してはいないであろう。

スイスとロンドンの銀行は大儲けした、と私は書いた。では、ギー・ド・ロスチャイルドの銀行はどうして倒産したのか、の疑問が残る。

ギー・ド・ロスチャイルドの銀行は敗者の側に立って煽《あお》ったのである。損な役割を演じたのである。それゆえ一時的に国営化してもらい、赤字を最小限に留めた。背後でゆっくりと、スイスとロンドンのロスチャイルドとその系統の銀行が清算をしたのである。それゆえにこそ、ギー・ド・ロスチャイルドは生涯にわたり、ユダヤ社会での本当の最高実力者であったのだ。

国際決済銀行とスイス三大銀行の内幕

スイスの三大銀行、クレディ・スイス、スイス銀行、スイス・ユニオン銀行について書くことにする。金塊の流れを追うためである。スイス銀行とスイス・ユニオン銀行は後に合併するが、ここでは一応、三大銀行とする。
スイスの三大銀行を中心とする銀行の保有高が一九八〇年代のはじめに一兆ドルを超えていることについては、すでに書いた。広瀬隆の『赤い楯』から引用する。

独裁者の大金輸送に、スイスの航空会社が利用されてきたことは周知の事実である。多くの場合、インフレや亡命の恐怖におののく独裁者は、札束を信用せず、金塊で財産を貯め込む。そのため国外への資産の移動も国際的な航空シンジゲートぐるみでおこなわれる。つまり手助けするエキスパートが銀行界に雇われていなければ、預金はできないのである。独裁者の犯罪が公然たる事実となってからも、スイスは彼らを保護し、自らは人間としての思考を停止するばかりか、明らかに殺人者の側に立って行動してきた。全世界がスイスの銀行界に求めているのは、彼らが口実にしているような法律上の判断規準などではなく、分りきった人間の良心を問い質しているにすぎない。スイスには歯医者の数より銀行が多いと言われるが、そうなるとスイス人全体の良識を疑わざるを得ない。前述の独裁者は、そのひとりずつが何十万人、何百万人という人間を殺してきた連中である。

広瀬隆は独裁者たちの名を挙げている。
パナマの麻薬マフィア、ノリエガ。ナチスの殺人鬼ゲーリング。アルゼンチンの独裁者ペロン。旧ベルギー領コンゴの独裁者フォンベ。イランの独裁者パーレヴィ国王。フィリピンの独裁者マルコス……。

彼らはほとんど例外なくスイスの航空会社を利用し、黄金をスイスの銀行に運んだ。その数量は秘密とされている。そして亡命後は、金塊をドルまたはスイス・フランに換金し、その利息を定期的にもらい受けて優雅な生活をしたのである。また、独裁者の死後は、その遺族が相続人となり、定期的に利息の一部を受け取っている。この金塊の総量は中央銀行の総量をはるかにしのぐのである。

名前は秘すが、戦前から戦後にかけて、スイスの秘密口座にその財を隠した多くの日本の皇族、政治家、財閥がいる。現在でも元首相の娘は定期的にスイスに行き、秘密口座からドルを受け取っている。このような銀行を持つ国がスイスである。金地金の価格が上がれば、元独裁者の子孫はより多くの利息を定期的にもらい受けられるのだ。その中でも、日本の天皇家と結びついた財閥の金塊が圧倒的に多い。それゆえ、天皇家と財閥はヨーロッパで優遇されている。

スイスの銀行は自国の航空機便を利用していたのが世間一般に知られるようになり、別の方法を考案した。それは、ミサイルを装備した原子力潜水艦による金塊の輸送である。クレディ・スイスはこの潜水艦で中国やキューバへと金塊を運んでいる。

武器、麻薬の代金に黄金が使われている。いかなる情報機関にも機密が洩れないようなシステムが出来上がっている。黄金こそは、最も大事な通貨なのだ。特に麻薬の取引の世界では、純金のみがその力を発揮するのである。

ドルや円やユーロが、金と連結しない、単なるペーパーマネーであることは、スイスの銀行家たち、キューバのカストロ首相、中国の歴代の独裁者たちがいちばんよく知っている。

ケシの花が咲き、生《なま》アヘンが大量に生産される頃、クレディ・スイスの潜水艦が、黄金の三角地帯やアフガンのアヘンを求めて出没し始めるのである。その生アヘンは中国の雲南《うんなん》の秘密工場へ運ばれる。最高純度のヘロインがこの潜水艦で世界各地に運ばれるのである。

しかし、クレディ・スイスはこの潜水艦をある密輸マフィアのグループに貸している。それゆえ表面的には何ら関係がない。

インターポールという国際警察機構が存在している。しかし、このインターポールの実質的な支配者がデル・バンコ一族であることを知る必要がある。ある種の誘拐や強盗殺人事件の捜査に関しては、スイスの銀行は各国政府に協力する。しかし、一九七七年に起こった「キアッソ事件」では、スイスの銀行は一切の情報の開示を拒否した。それは、スイスの信用銀行の支店とイタリアの通貨密輸業者によって起こされた事件であった。黄金が大量に盗まれ、スイスの山中に入った事件であったが、すべては闇の中に消えたのである。

一九七九年にはイランのパーレヴィ国王が追放された。このとき、大量の金塊がスイスに運ばれた。イラン政府はその金塊の返還をスイスの銀行に要求した。スイスの銀行は拒否した。

それだけではない。アメリカのニューヨーク連邦準備銀行は、イランが預けている金塊を凍結した。イランはロンドン市場で金地金を買いだした。金地金が不足しだし、金価格の急騰の一因となった。

スイスの銀行の不正行為を一途に支持し支えたのが、国際決済銀行（ＢＩＳ）とニューヨーク連邦準備銀行であった、ということは、金価格急騰の謎のかなりの部分が解明できた、ということになろう。

ニューヨーク連邦準備銀行はその株式を所有する五つのニューヨークの銀行に支配されている。この五つの銀行はロンドンのＮＭロスチャイルド＆サンズの直接支配下にある。簡単な表現をすれば、ニューヨーク連邦準備銀行はロスチャイルドの〝持ち物〟なのである。

イラン国王の追放劇もタイミングがよすぎる。アフガンへのソ連の侵攻もタイミングがよすぎる。金の戦争をカモフラージュするために巧妙に仕組まれた、と私はみている。ソ連は当時外貨不足だった。核兵器の大量生産ゆえに外貨が不足していた。アフガンのアヘンを奪取し、それをヘロインに変えて世界中にバラまいて外貨を得ようと考えた。このアフガン侵攻を陰でスイスの銀行家たちが応援していた。

ソ連の金塊がアフガンのアヘン業者に流れた。金塊が世界的に不足しだした。すべてが〈金の戦争〉へと結びついていくのだ。スイスの密輸業者たちとソ連国内のレッド・マフィアたちは、ロシア製のヘロインを仕入れた。その密輸業者たちを資金援助したのがスイスの三大銀行だった。国際決済銀行（ＢＩＳ）はソ連の金塊を仕入れる銀行でもあった。

金地金の価格が上昇するということは外貨不足のソ連を救うことでもあった。ソ連はヘロインと金鉱石ゆえに、ＢＩＳによって国家的危機を救われたのである。

そしてアメリカはどうなったのか。ＩＭＦの総裁はほとんどがデル・バンコ一族から選ばれる。ＩＭＦとニューヨーク連邦準備銀行はアメリカ政府に働きかけた。「財務省の持つ金塊を安値で放出し、金価格を下げる以外に、ウォール街を救う方法はない」と。これが隠れたシナリオであった。

アメリカの悲劇の舞台裏を見てみよう。

ピーター・バーンスタインの『ゴールド——金と人間の文明史』からの再度の引用である。

一九八〇年一月、金市場はすべての市場の歴史で最も激しい動きを示すことになった。その月の取引が始まってわずか二日のあいだに、金の価格は一オンス一一〇ドルから六三四ドルへと跳ね上がったのだ。一方、ドイツ・マルクにたいするドル・レートは記録的な低さになった。ある銀行のロンドン支店の報告によると、在庫していた一〇〇〇枚のソヴリン金貨が、その二日間で売り切れたという。スイスの銀行の一つに出入りする貴金属商は控え目な言い方で『ニューヨーク・タイムズ』の記者にこう語った。「市場が示しているのは、人びとは政府も紙幣も信じていないということだ」

金の価格が最高値をつける前、二億二〇〇〇万オンス（七〇〇〇トン）の金がフォート・ノックスに蓄えられていた。財務長官のミラーは記者会見で「財務省の金の競売はもはやない」と言った。しかし、ミラーの発言にもかかわらず、その記者会見から三〇分もたたぬうちに、金の価格は一オンス三〇〇ドルも急騰した。翌日は七一五ドル、その翌日は七六〇ドル、またその翌日は八二〇ドルとなった。

アメリカ財務省は一オンス八五〇ドルとなった後も金地金を市場に放出しつづけた。金価格を下げるためである。従って、公表の約七〇〇〇トン（当時）の金の在庫は大幅に減っていることは間違いない。

私はもう一度書くことにしよう。

アメリカの金地金はフォート・ノックスであれ、ニューヨーク連邦準備銀行の金庫室であれ、限りなくゼロに近いというのがおそらく真実である、と。

第五章◉

中央銀行の金はどこへ消えたのか

ＩＭＦの動きの中に〈金の戦争〉の何かが見え隠れする

国際通貨基金（ＩＭＦ）と世界銀行はブレトン・ウッズ体制の中から生まれたことはすでに触れた。しかし、このＩＭＦは、国際通貨マフィア、デル・バンコ一族が巣食う民間のシンジゲートなのだ。貧困国や発展途上国のためといいつつ、これらの国の権力者を抱き込んで、巨大企業がアメリカや他の国の金《きん》を掠《かす》め取っているのである。

たとえばベクテル社が例としてふさわしい。彼らは国際的事業をする。しかし、一度も赤字を出さない。最貧国でつくるダム工事で巨大な利益を上げる。ベクテル社が提案するダム工事に、輸出入銀行、世界銀行、国際通貨基金（ＩＭＦ）が加わってくる。この工事代金の保証にアメリカを中心とする各機関の加盟国の税金がつかわれるシステムとなっている。「最貧国を救え」のスローガンは「巨大企業を救え」ということと同じである。

ＩＭＦはアメリカ財務省と共同で、どうして金塊を売りに出したのか。しかも、前もって競売日を決めてである。一つの目的は、値上がりした金価格を下降させるための〝誘い水〟の役割をＩＭＦが秘かに担っていたからである。ＩＭＦのトップは専務理事といわれる。たとえば一九九九年までの長期にわたってフランス人のミシェル・カムドシュが専務理事の地位にあった。スイス銀行とスイス・ユニオン銀行（後にこの二つの銀行は合併し、スイス・ユナイテッド銀行となる）の圧力でカムドシュは専務理事となり、国際通貨マフィアのためにせっせと働いたのである。ＩＭＦ発足の当時から、ＩＭＦの専務理事はヨーロッパの国際通貨マフィアから任命されるとの密約がある。それは二一世紀の今日でも変わりはない。

ＩＭＦは機能的には金本位制をめざした。だからこそ参加各国は、ドルとの固定相場が変わらないように、自国の通貨価値が変動の波にあらわれないように、努力してきた。そのために各国は、自国の金と通貨を提供したのである。国際通貨マフィアはその各国が提供した金塊をも奪おうとした。

あの一九八〇年前後の金急騰のとき、アメリカ財務省とＩＭＦが共同で、安値で金塊を投げ売った背景には、国際通貨マフィアの暗躍があったのである。ＩＭＦと財務省がたえず共同歩調をとったのも不思議な話だ。一九八三年ごろまで、財務省とＩＭＦは金地金《じがね》の安値投げ売りを繰り返した。ＩＭＦには金塊は残った（二五％が金地金とする約束のため、参加各国はたえず金地金をＩＭＦに納入したから、ＩＭＦの金地金は消えることはなかった）。アメリカ財務省はＩＭＦに騙《だま》しつづけられ、ついにその在庫を空にしたのである。

もう一つ、ＩＭＦに秘かに仕組まれた〝時限爆弾〟があった。ＩＭＦの機構からいうと、外国の通貨当局はアメリカの連邦準備銀行に対して、ドルと金との交換を要求できる、ということになっていた。だからこそ、ド・ゴール将軍は国際通貨マフィアの圧力を受けて、ドルを金地金に換えることができたのだ。アメリカはド・ゴール将軍の要求を受けて、ブレトン・ウッズ体制の欠陥をはじめて知ったのである。

ＩＭＦ参加各国はアメリカ主導の通貨体制による半永久的な固定相場制を望んでいた。そこにフランスの挑戦であった。あのギー・ド・ロスチャイルドを長とするデル・バンコ一族の仕掛けた〈金の戦争〉は、すでにIMFの創設当初から始まっていたのだ。

たしかにIMFは通貨安定のための施策を各国への融資案件の形で示し、それなりの成果をあげた。しかし、処方箋を下し、誤診した。そのいちばん大きな致命的ともいうべき誤診がアメリカの金地金の流出である。しかし、この誤診について書かれた本は過去に一冊もない。

IMFは今や、世界中央銀行のような顔をしている。IMFの加盟国は現在一八二カ国。日本の出資額はアメリカに次いで第二位。日本人は自分たちの血税がこの機関で無駄遣いされている事実を知らない。それを告発する政治家も経済学者もいない。

IMFがもし健全に活動しているのならば、決して金地金を売却することはありえない。もし、何かの出来事によってウォール街の株価が大暴落したら（その可能性が近づいたが）、そのとき、金とドルの交換比率をIMFが決定すれば、この世の恐慌は多少はやわらぐであろう。しかし、IMFにその力はない。

後述するが二一世紀の初頭にIMFの金塊はほぼ底をついた。これは何を意味するのかを考えてほしい。国際通貨マフィアの手に、金とドルの交換比率の決定権が握られて

ワシントンDCの国際通貨基金（IMF）本部

いるのである。円もユーロも人民元も同様に、その交換比率の決定権を握られている。かくも、この〈金の戦争〉の奥は深いのである。

ＩＭＦが誕生したとき、世界は資本主義対共産主義の図式の中にあった。従って、戦勝国アメリカの主導のもとに、このＩＭＦも創設された。アメリカは理想の時代の中にあった。敗戦国、貧民国が多かった。理想はいつも裏切られる。

もう一度、リップスのインタヴュー録に戻ろう。ＩＭＦの創設に関与したジョン・メイナード・ケインズ、そしてＩＭＦの悪用に貢献したミルトン・フリードマンについて、ロスチャイルドの最高のエージェントの一人、リップスマンが語る意見に注目してほしい。

ジム　金融制度を守ることは難しいのでしょうか。今日の米国で我々が目にしているものはミルトン・フリードマンが宣伝するマネタリズムとケインズ主義を合併させたものであり、このことはワシントンのみならずウォール・ストリートにも当てはまるように思われます。これら二つが米国のシステムに不安定と負債とをもたらすのに貢献しているのはなぜでしょうか。

リップス　採用された政策を理解するには、その時期の背景を理解しなければならない。人々は一九三〇年代の不況を克服したのであるが、金本位制の廃止が不況に一役買っていることを理解していなかった。景気後退期が二、三度あったが、ルーズヴェルトには戦争が必要であった。戦争なくしては、人々を職場に連れ戻すことは不可能であったからだ。

利口なケインズは後日破壊的なものであることが分かる政策を処方した。そして戦争が起こり、完全雇用が実現した。フリードマンも似たようなものであった。彼は尊敬される地位、ノーベル賞、学界とメディアでの名声が欲しかった。政府がどのみちやりたかったこと、あるいは期待していたとおりのことを彼は言った。二人とも何百万ものエコノミストと学生の精神を破壊した。大学教授の中には買収された者がたくさんいると私はみている。勇気も人格もあったものではない。この手の話は、私の国でも世界のどこでもゴロゴロしている。連中はほとんど役立たずだ。

このリップスの発言と私のIMFについての批評を重ね合わせてほしい。アメリカの経済学者（特にノーベル経済学賞の受賞者）たちは、ブレトン・ウッズ体制について全く語らないのである。そして、世界銀行とIMFについてその功罪もほとんど語らない。

それでも、なかには例外の学者もいる。ジョセフ・E・スティグリッツである。彼もノーベル賞を受賞した。彼の著書『世界に格差をバラ撒いたグローバリズムを正す』と『人間が幸福になる経済とは何か』を読んでみても、〈金の戦争〉については一行の解説もない。彼の本の中にあるのは、グローバリズムが反グローバリズムと同じであるとかの空論の連続である。あのノーベル経済学賞は、国際通貨マフィアの合同会議の中から生まれ決定される。

リップスがいみじくも正直に書いている。「二人とも何百万ものエコノミストと学生の精神を破壊した。大学教授の中には買収された者がたくさんいると私はみている。勇気も人格もあったものではない。この手の話は、私の国でも世界でもゴロゴロしている。連中はほとんど役立たずだ」

ロスチャイルドのエージェントをしつつ、リップスは名声と地位と金《かね》とに〝心〟を売り払う経済学者たちをたくさん見てきたのだ。私もこの本を書きつつ、ミルトン・フリードマン、ケインズ、スティグリッツ、ジョン・ケネス、ガルブレイズ、アルビン・トフラーの本を読んでいる。しかし、彼らはＩＭＦについても、何ら真相の一片さえ書かない。「どうしてＩＭＦはアメリカ財務省を道連れに金地金を投げ売りさせたのか」――これがアメリカ経済の衰退につながることぐらいは、利口な子供でも理解できるではないか。心優しい何百万ものエコノミストと学生の精神が破壊され、うす汚れた経済学のみがこの世に残ったのだ。

ノーベル経済学者ジョセフ・Ｅ・スティグリッツは『人間が幸福になる経済とは何か』の中で「見えざる手」について書いている。

保守派は政府の役割を制限したがった。（略）さらには社会保障制度を民間セクターに移したがるなど、政府の役割を制限するどころか、削減することさえ望んでいた。

この背景には、束縛されない市場への強い信念があった。近代経済学の父アダム・スミスは、しばしばこの考えの祖だと言われる（スミス自身はもっと慎重だったが）。スミスは一七七六年の論文『国富論』で、市場が見えざる手のように経済効率を導くと主張した。

スティグリッツは同じ本の中で、この「見えざる手」について書いている。

アダム・スミスの「見えざる手」理論ほどに大きな力をもつ理論はない。これは、束縛されない市場があたかも見えざる手に導かれるがごとく効率的な結果をもたらすという説で、各個人が自分の利益を追求すれば社会全体の利益が高められるという考え方だ。だが、九〇年代とその後の展開から明らかになったのは、CEOが自分の利益を追求してもアメリカの経済は強くならなかったということであり、彼らが利益をあげる一方で、他の人びとが代価を支払っていたということである。

私はこのスティグリッツの本を読んで、すなわち『国富論』のアダム・スミスの「見えざる手」について読んで、007の映画「ゴールド・フィンガー」を思い出した。この本を書くにあたり、私はDVDを借りてきて観て、この映画のシナリオは間違いなく、イギリスの秘密情報部で検討されたものであろうと思った。アメリカが所有する黄金をコバルトという放射線により汚染させ、金価格を高騰させるというストーリーである。デル・バンコ一族が創作したシナリオの一つが映画になったのであろうと。

「見えざる手」は見ようとしないから見えないのである。IMFが「見えざる手」を使ってアメリカ財務省の金塊を投機市場に放出させたのである。

スティグリッツは「見えざる手」を見えないと信じている。フリードマンもそうだ。彼らは

「見えざる手」が「ゴールド・フィンガー」であることを意識して見ないようにしている。だから、リップスは嘲笑《あざわら》うのである。「勇気も人格もあったものではない。この手の話は、私の国でも世界でもゴロゴロしている。連中はほとんど役立たずだ」

スティグリッツは、『世界に格差をバラ撒いたグローバリズムを正す』の中でＩＭＦに触れている。

ＩＭＦの政策は、当該国を不況から守るためのものではなく、融資の貸し手を守るためのものであるとよく批判される。国外の債権者が返済を受けられるよう、急速な外貨準備の回復をめざす点が、この批判の根拠だ。実際、危機におちいった国々は、すぐに外貨準備高を以前のレベルにまで戻し、数年間でＩＭＦの借り入れをも返済している。

ノーベル経済学賞を手にし、何百万のエコノミストと学生の精神を破壊した男が書くＩＭＦ論はこの程度のものであろう。

ゴールド・フィンガーに操られたレーガン大統領

一九八〇年代を象徴する言葉を一つだけ挙げろといわれれば、私は迷うことなく、「貪欲《どんよく》（グリード）」という言葉を思い浮かべる。この貪欲という言葉は映画「ウォール・ストリート」

の中で、ゲッコーという主人公が何度も何度も繰り返した言葉だ。彼は株主の眼前で「貪欲はいいことです。強欲は正しいのです。欲深いことこそが、この世の進取の精神を明らかにし、その深奥に迫り、それらをとらえるのです」と言いつづけた。

ゲッコーという青年の精神の具現者が、あのニクソン大統領の時代に財務次官となり、アメリカ財務省とIMFの金塊を市場の競売にかけ投げ売り、しかもSDRという、IMF謹製のペーパーゴールドをつくった男、ロバート・ローザである。

アヴェレル・ハリマンに育てられ、ケネディ大統領の時代に財務次官となり、ニューヨーク連邦準備銀行の役員のとき「ローザ団」なるグループをつくったロバート・レ・ローザは、デル・バンコ一族のグループの「ザ・オーダー」の中核に迎えられた。このローザの子分がポール・ヴォルカーであった。デイヴィッド・ロックフェラーが、ローザに「ヴォルカーを連邦準備制度理事会議長に任命してはどうか」とほのめかしたのである。ローザはデイヴィッド・ロックフェラーがつくった「日米欧三極委員会」の創立役員であり、事務局長でもあった。

007シリーズの原作者イアン・フレミング

ヴォルカーは一九七九年から八七年にかけてFRBの議長を務めた。レーガン大統領を手玉にとった男である。ヴォルカーがFRBの議長になったとき、ゲイリー・アレンは一九七九年一〇月七日号のアメリカン・オピニオン誌に次のように書いた。

未来がどうなろうと、ドルと貴金属の価格が大幅に変動して不安定になることだけは賭けてもいい。ヴォルカーの後援者たちは、ヴォルカーの政策がどうなるかをあらかじめ知っているかぎり、大儲けするだろう。

一九八〇年は金価格が史上最高値をつけた。この年の一一月、ロナルド・レーガンがジミー・カーターを破り、大統領になった。あのハリウッドの二流の西部劇ガンマンがである。ベクテル社とＩＭＦの関係はすでに書いた。外国での巨大事業を実行するのに、ＩＭＦと世界銀行の金を流用したこともすでに書いた。ベクテル社の社長はジョージ・プラット・シュルツ、副社長はキャスパー・ワインバーガー。この二人が大統領選挙を取り仕切った。選挙が終わると、二人は国務長官と国防長官に任命された。ベクテル社を裏で支え、レーガンの選挙資金を潤沢にしたのはシティバンクだった。

レーガンはゴールド・フィンガーに操られ、踊らされつづけただけの大統領だった。レーガンが大統領に就任してから半年後の一九八一年六月に、財務長官のドナルド・リーガンは「金地金に関する状況の徹底的調査が必要である」との認識に達した。

一九八一年、合衆国の金地金（貨幣用金）の保有量はおよそ八〇〇〇トン（これは公式発表。

この時点で八〇〇〇トンを大きく下回っていることは間違いない。一九七九年~八〇年に大量の金を投げ売りしたからだ)。八〇〇〇トンと計算しても、一九四九年のピーク時の三分の一。この数量は世界中の貨幣用金(各中央銀行が保有するもの)の約四分の一である。一九八一年の平均市場価格を一オンス四六〇ドルで計算すると、一二〇〇億ドル。しかし、外国への債務はこの時点で三〇〇〇億ドルを超えていた。

多くの本(例外はない)には、金本位制の信奉者であったレーガン大統領が「金委員会」を設立した、と書かれている。私はこの説は間違いであると信じている。どうしてか。各中央銀行が持つ量の四分の一以下の貨幣用金しかないアメリカが、どうして金本位制をふたたび採用できるというのか、の一点につきる。ニクソンが金流出を心配したときでさえ一万数千トンの貨幣用金をアメリカは持っていたのである。

それでは、ドナルド・リーガン財務長官が設置した金委員会(一九八一年六月)について記すことにする。

この委員会の目的は「国の内外の通貨制度における金の役割に関して調整、研究し、勧告をだすこと」とされた。委員会は一七人で構成された。国会議員、連邦準備制度理事会の代表、一流の経済学者、金市場で活動する人物たち……が構成メンバーであった。

九回の会議が開かれた。二三人の参考人から意見を聴取した。金委員会は報告書を発表した。個々の委員によって執筆された雑多なものの集成であった。報告書から得られたものは何一つなかった。満場一致の支持を得られたものはなかった。一つだけリーガン委員会の勧告によって生まれたのは、ほんの少量の金貨であった。それも一九八五年の二月、レーガン大統領の認可によって鋳造《ちゅうぞう》されたものであった。あまりにも少量の貨幣ゆえに、現在では収集家の間で高値がついている。

この金委員会は、金をアメリカの金融システムから永遠に締め出すために、ゴールド・フィンガーの連中によりうまく操作された一例である。しかし、一七人の構成員のうち、金を（金本位制を）支持した二人の委員がいた。一人はテキサス州選出の下院議員のロン・ポール、もう一人はルイス・ラーマンという実業家であった。ゴールド・フィンガーは一五人には手を打ち、二人だけには情報を何ら与えなかったのだ。全員一致では芝居臭くなってしまう。だから熱狂的な〝金の崇拝者〟を二人だけ、メンバーに入れておいたのである。

ロン・ポールは今も共和党の下院議員である。彼は二〇〇八年の大統領選挙に共和党から立候補している泡沫《ほうまつ》候補でもある。その彼が二〇〇七年二月に議会で演説した。その演説が「ドル覇権の終焉」という論文となり、インターネット上で発表された。以下は、副島隆彦の『ドル覇権の崩壊』という本からの、ロン・ポールの演説をもとにした文章の引用である。

本当は、単なる紙の紙幣でしかないドル紙幣というペーパーマネーが、アメリカの国力を背景にして、強い信用力を持ってきただけに過ぎない。そのドルを、アメリカ政府が密かにあまりにも刷りすぎていて、それを世界中に垂れ流している。実際には印刷することさえせずに、〝保管振替制度〟という奇策で、帳簿に並んだ数字だけになっている。この事実が露呈してきたら、他の国々が、米ドルの支払いを受け付けなくなり、米ドルが受け取りを拒否され、あるいは米国債の引き受けも拒絶する時代がやがて来るだろう。

あるいは、アメリカ政府が保有する五万トンぐらいにまで大きくふくらんでいるゴールド（金）が、戦争の出費がかさんで、すこしずつ世界銀行での政府間の決済資金として使われることで、どんどん減りつつある。ベトナム戦争の時と同じような現象が起きつつある。アメリカ政府は、保有している金（ゴールド）を目下、減らしつつあるのだ。そして政府間の貿易決済用の金が底をついた時、アメリカの繁栄と政治的安定が失われるだろう。

アメリカは、そこで一旦、デフォールト（債務不履行）に陥るだろう。「(政府間でだけは、今も実施されている）金・ドルの兌換体制」が崩れて、ドルの信用力をゴールドだけではない、他の実物資産（タンジブルアセット）にまで押し広げた、新しい通貨体制に移って行くだろう。現在の「ＩＭＦ＝世界銀行体制」がどうせ一旦は壊れるのである。

さて、私はレーガンの政治姿勢を見てみたい。それは、一九二九年の大恐慌の前のアメリカとの比較である。

一九八〇年代のレーガンの政策と一九二〇年代のアメリカの政策は酷似する。その第一は大減税である。

アメリカの個人所得税は一九二〇年代に二五％まで減税された。一九八〇年代は二八％にまで下げられた。そして何が起こったか。消費の増大である。

一九八〇年代のアメリカ人は前記したように〝貪欲〟に走った。消費の増大は住宅投資に現われた。雇用は伸びたが製造業ではなかった。それはサービス業だった。一九二〇年代のアメリカは世界最大の債権国だった。人々は余った資金を株式に投資した。そして大恐慌を迎えるのである。

では、一九二〇年代のアメリカに大恐慌が襲ったのに、一九八〇年代のアメリカはどうして繁栄しつづけられたのか。金は限りなく流出していた。リーガン財務長官は金の流出をカバーするために、金委員会を設立したのである。ゴールド・フィンガーがリーガン財務長官とヴォルカーFRB議長に、その委員会の設立を命じたのは動かしがたい事実である。

金の命運はこの委員会で決定的に断たれた。しかし、ロン・ポールは委員会の解散から二〇数年も経っているのに、金本位の復活を当時と同じように説く。彼にはゴールド・フィンガーの手が回っていないのか。それとも、ロン・ポールこそが、ゴールド・フィンガー勢力がアメリカで泳がしている、スモール・ゴールド・フィンガーなのか。

ロン・ポールはリバータリアニズムという政治思想を信じている政治家であると、副島隆彦は書いている。リバータリアニズムという今にも舌を噛みそうな思想は、ごく簡単に説明すると「反過剰福祉、反税金、反官僚」思想である。

私はこの思想こそが、デル・バンコ一族が広めた思想の一つだと思っている。フィリップ・ロスチャイルドの愛人であったアイン・ランドの『肩をすくめるアトラス』や『水源』という小説にその思想が描かれている。グリーンスパンはアイン・ランドの崇拝者である。

私はこのリバータリアニズムと、フリーメーソンの「自由、博愛、平等」とが深く結びついているとと思えてならないのである。

ロン・ポール下院議員は謎の人物である、と書いて、この項を終わることにする。

金リース・レートが金の戦争を長びかせた元凶であった

ティモシー・グリーンの『ザ・ニューワールド・オブ・ゴールド』を読み解いてみよう。

疑いなく、金貨の貯蔵量（COMEX）は一九七〇年代半ば頃を通じてIMFと合衆国財務省が天に届くほどに出したので脅威でさえあった。一九七九年といえども、金塊の供給量の三〇％は公的な売りからきていた。しかし、一九八〇年代に入ると状況は一変した。IMFと財務省の売りは終わった。少なくとも当時は。

グリーンが書いているように、IMFと財務省はその在庫が空になるほどに金を売りつくしたのである。その原因を私は金価格の上昇を抑えるためであると説明した。この点をもう少し詳しく説明しなければならない。

金は全世界に九万五〇〇〇トンあるとグリーンは書いている。しかし、この総量は九〇年間にわたって蓄えられたものであると。一九八〇年の生産量は一二五〇トンであった。しかし、宝石関係に七五〇トン、工業、歯科治療関係に二〇〇トン、そして、コイン、メタル、金塊として三〇〇トンであるとグリーンは書いている。一年間にたった三〇〇トンほどのメタル、コイン、金塊が数十年、数百年の間に蓄えられてきた。アメリカ財務省はアメリカの宝である金塊を一九七〇年代に、安値で、在庫が底をつくほどに投げ出したのである。この事実は永い間隠されつづけたので、ロン・ポール下院議員の発言が二一世紀でもまかり通っているのである。

もう一度、グリーンに戻ろう。グリーンはCOMEXとIMM市場の狂乱ぶりを描いている。


西側の金の生産量のすべては一年間に一〇〇〇トン以下であること、ここ数年の金の流通量は先にはロンドンそして今はチューリッヒの市場の支えの綱であることを思い出してほしい。

それとは対照的に、COMEXとIMMでは、三万四〇〇〇トン近い量の一一〇〇万件の契約がなされたのだ。


年間一〇〇〇トンの生産量のうち、金塊として売買されるのは三〇〇トン以下。過去の金塊を含めて年間一〇〇〇トンの金塊の売買は商いの範囲内として正当であろう。そこに一九七四年にCOMEXとIMMが登場し、先物の金相場が立ったのである。

それではリップスの『ゴールド・ウォーズ』を見ることにする。一九八四年に出版されたグリーンの著書での数量と異なるのは当然である。

具体的には、年間の金生産量がおよそ二五〇〇トンであるのに対して、先物市場における取引高は一日当たり八〇〇から一〇〇〇トンであると推定されている。たとえ金の現物を保有していなくても、非現実的な水準まで価格を上昇させたり下降させたりできる道具は、デリバティブを通じたレバレッジと呼ばれている。

グリーンが描いた一九八〇年代と、二一世紀の金先物市場には雲泥《うんでい》の差がある。とはいえ、一九七五年から今日にいたるまで、金の先物市場は常軌を逸していないであろうか。いかに先物市場とはいえ、いつか、どこかで精算がなされなければならない。その時は破局以外にない、とリップスはこともなげに書いている。まさに、リップスの書いている通りである。いつか、破局が確実にやってくる。

一昔前なら、巨額の富を稼ごうとすれば、実質的な生産性を向上させるしかなかった。アメリカの富は汗と涙の結晶だった。しかし、金が先物市場に登場してから、ドルも円もマルクも、ポンドと同じように先物市場に登場した。人々はそれを「デリバティブ」とか「ストップ」とか「スワップ」とか「レバレッジ」とか名称を勝手につけて表現する。今の時代は、一億ドル稼ごうとすれば、ただ紙切れを掻《か》きまわして動かすか、企業買収屋となって企業を乗っ取ればいいのだ。時代は変わったのである。

GMもフォードもクライスラーも、自動車を製造するよりはファンドとやらに熱中しだしたのは、金が先物市場に登場した頃からである。リップスの『ゴールド・ウォーズ』をさらに読んでみよう。

こうした金投機のプレーヤーとして名を連ねるのは、ゴールドマン・サックス、JPモルガンやチェース・マンハッタンなどの、ウォール街の一流銀行・証券会社、金地金《じがね》ディーラー、ドイツ銀行、ソシエテ・ジェネラルなどヨーロッパ銀行界の一流どころ、UBS（スイス・ユニオン銀行）やクレディ・スイスなど大手スイス銀行などである。彼らは、世間知らずの中央銀行の仲介人として立ち回ることで、莫大な利益をもたらす新たなビジネスを生み出したのである。中央銀行は、ごくわずかな利子を受け取る代わりに、唯一確実な保有資産のはずの金の価格を下げるだけでなく、その一部またはすべてを失いかねないリスクを冒しているのだ。

このなにげなく書かれた文章を読んだときの強烈な怒りを、私は忘れることができない。どうしてか。右記の銀行、証券会社たちがグルになり、中央銀行の金地金を強奪した大事件があったことを、リップスはさりげなく書いているからである。

以下は「史上最悪の金地金強奪事件」に対する私の推理である。間違っていないであろう。

——ある少人数の「ザ・グループ」が存在した。たぶん一九六〇年代の後半であろう、そのザ・グループは、金価格を上昇させ大儲けしようと考えた。最初はアメリカのフォート・ノックスにある金の倉庫への何らかのアプローチを考えた。その一つが「ゴールド・フィンガー作戦」であった。しかし、この計画は危険が伴うので中止となった。

イアン・フレミングは、秘かにこのグループに呼ばれ、「ゴールド・フィンガー作戦」のシナリオを書かされた。007シリーズとして映画化された。彼らザ・グループはこの映画の反響の大きさに注目した。そして、現実化するシナリオが出来上がった。それを彼らは仲間うちで〈ゴールド・ウォーズ〉と命名した。目標はアメリカの二万トンの金塊をいかに秘密裡に強奪するかであった。

そこでザ・グループは中央銀行に目をつけた。中央銀行の倉庫に退蔵されている金地金をいかにして奪うかの検討がつづけられた。万一の場合の犯罪性も検討された。ザ・グループは犯罪性のない方法について協議し結論を出した。ザ・グループの長は次のように語った。以下は私の想像である。

——「ゴールド・フィンガー作戦」は一応終了とする。正式に決定した作戦は「金リース・レート作戦」とする。ザ・オーダーのメンバーの各々は、自分が担当と決まった中央銀行の総裁および幹部を説得されよ。作戦に関するデータは別紙のごとしだ。要は、退蔵されている金は役に立たない、それでグループに貸し出される、利率はその時々の金相場とする。このことは自国民や政府に伝えてはならない。極秘事項とする。

その金地金を秘かに、ニューヨークのツイン・タワーの直下にあるCOMEXの地下金庫室に入れる。この金地金が金の先物市場を運営する基礎となる。一応、借入の金価格は公定価格に近いものとする。一オンス三五ドル～四〇ドルである。COMEXを支える銀行と証券会社にこの中央銀行の金地金を直接に渡せ。そして言うがいい。「借りたものを返す馬鹿はいない」とな。「ご自由に売って、その金を他の事業に回しなさい」とな。

さて、ザ・グループはこの日から本格的な〈金の戦争〉に突入した。目標は三つである。第一の目標は、アメリカの銀行、証券会社を衰退させることである。もう一つは、アメリカ財務省の金と各中央銀行の金を奪うことである。次にわれわれは、この二つの目標の完遂の結果、金の独占をはかることになる。これが第三の目標である。いかにドルや円やマルクが紙幣として力を持っていようとも、金の独占化のあかつきには、これらの紙幣は紙くずとなろう。

金の独占化の後で次の作戦を立てることになる。

諸君に報告することがある。これは大事なことである。われわれグループ、あるいは仲間たちは、相対立して〈金の戦争〉を闘わなければならないこともある。〈金の戦争〉をよりリアルに演出するためである。大儲けしようと大損しようと、ザ・グループは特別勘定システムを採用する。すなわち、われわれが採用しているヘーゲル哲学からの応用である。「正《せい》・反《はん》・合《ごう》」のシステムで、損得は総合的利益の計上となる。私は大損を演じ、諸君のために犠牲となろう。かくて大いなる犠牲を通じて勝利を獲得するのだ。

さて、第一の作戦の「ゴールド・フィンガー」は無駄でなかったことを報告する。コバルト照射を受けた金は鉛《なまり》に限りなく近づいた。逆もまた真なりだ。われわれは錬金術で成功しそうである。ある放射線をつかい鉛を金にする方法が見つかりそうだ。われわれの選んだ優秀な原子物理学者たちがこの研究に没頭している。近い将来、この計画は完成されよう。

もう一つ報告しよう。われわれの金の精錬工場では高純度の九九・九九九九に限りなく近い金を精錬しつつある。この金をもって世界の金の規準となるよう努力している。

われわれは、アメリカ財務省と各中央銀行の金をほとんど掠奪《りやくだつ》する。そして市中に出回っている金にも回収命令を出すことになろう。われわれの刻印《マーク》が打たれた金のみが認められた金であるとの命令を国際決済銀行（ＢＩＳ）が出すことになろう。

われわれのニューワールドの完成は近いうちに報告する。——

〈金の戦争〉は心への攻撃である

アンソニー・サンプソンは『ザ・マネー』の中で戦争ゲームについて書いている。

ビジネスはふたたび戦争という視点から見られ、急襲も、軍の侵略——電撃戦——という性格を帯びることになった。というのも、競争相手の弁護士や支援者などが、金という大砲によって、互いに裏をかき、出し抜き、圧倒しようとしているからである。ダークスーツを着た銀行家は、夜を徹して働き、明け方の奇襲とか、軍資金、兵たん、交戦といった言葉を好んで用いる。将軍たちはむしろ平和の言葉を口にし始めているのに、銀行家が戦争の専門用語を引き継いでいるのだ。

私たちは、大きな戦争はヴェトナム戦争の終結とともに終わったと思っていた。しかし、現実はつづいていたのである。将軍たちが平和の言葉を口にしはじめた頃から、新しい戦争が始まっていたのである。それは戦争ゲームという新しい形をとったものであった。それゆえ〈金の戦争〉も、それに加わっている銀行家、証券マン、金地金のディーラーしか知ることがなかったのである。中央銀行の総裁も幹部たちもしょせんは役人である。彼らは戦争ゲームに参加すらできなかったのである。

しかし、ここで一つ疑問が残る。各中央銀行の総裁や幹部たちが、なぜいとも簡単に中央銀行の金地金を一～二％の利率で貸し出したのか、という点である。私はヴォルカーFRB議長がどうして議長に選ばれたのかを書いた。また、IMFの専務理事の選出方法についても書いた。「中央銀行の中の中央銀行」の総裁がいかにして選ばれたかについて書くことにしよう。広瀬隆の『赤い楯』から引用する。

次いでバーゼル・クラブ（BISのこと）の頭取には、一九八〇年代半ばからジャン・ゴドーが就任し、やがて九〇年代に突入するなかで中東戦争への戦費調達が決定され、読者の金が砂漠で人殺しに使われるすべての議事が進行してきたのである。犯人ゴドーはロスチャイルド家の所有するベルギーの「ブリュッセル・ランベール銀行」で、二十年も頭取をつとめてきた国際バンカーであった。わが国（日本）の政治家はほとんど幼児と変らない人間で構成されているため、蔵相会議では指示を仰ぐだけの哀れな存在であった。ゴドーを待ちながら、かくしてバーゼル・クラブは育てられたのであった。

ＢＩＳの総裁の選出方法を見れば、他の中央銀行の総裁も同じ方法で選出されていることが分かるのである。彼らは、ザ・グループによって選ばれたのであり、その国の政府によって選ばれたのではないことを知る必要がある。

私は、ザ・グループ、デル・バンコ一族、国際通貨マフィア……と表現を変えているが、彼らはすべて同じである。

では、〈金の戦争〉、否、〈金の戦争ゲーム〉に参加する銀行について見ることにする。ドイツ銀行とスイスの大銀行クレディ・スイスとの関係である。もう一度、広瀬隆の『赤い楯』から引用する。

ドイツとフランスとスイスの三角点バーゼルを中心とするスイス中央鉄道は、ロスチャイルド家の北部鉄道が支配する縄張りであった。エッシャーが自ら建設しようとしたスイス北部鉄道は、資金を調達するための事業銀行を設立しなければならなくなり、ここにスイス史上の一大転換点となる「クレディ・スイス」が創設されることになった。その資金は、最終的にはエッシャー家と一般の投資家とドイツからの借り入れによってまかなうことになったが、実に五〇パーセントの資金を投入したのが「ドイツ・クレディタンシュタルト」であった。このドイツ銀行は、クレディ・スイスを設立するために創設されたのであり、実質的にはロスチャイルドがこの時点でエッシャー家を完全に支配してしまった。

簡単に記すと、金の投機ゲームに加わったクレディ・スイスもドイツ銀行も、これを実質に支配するのはロスチャイルド家である、ということである。リップスは書いていないが、この戦争ゲームに参加したシティバンクもロスチャイルドの支配下にある。

〈金の戦争〉の意味を知る一番よい本は、広瀬隆の『赤い楯』である。この本を丹念に読むと、〈金の戦争〉とは何であったのかが理解できるようになる。この銀行の正体を知ると、中央銀行がどうして金地金を銀行家たちに貸し出し、最終的に売られてしまったのかが分かってくるであろう。ＦＲＢとアメリカ財務省はグルであり、ドイツ連銀（中央銀行）とドイツ銀行も同じグルである。

こうしたなかで、ＣＯＭＥＸを中心として、一年の生産量（実質的金地金は三〇〇〜五〇〇トン）を一日で上回る八〇〇トンから一〇〇〇トンという商品取引が今日でも毎日、毎日行なわれている。これはもう、この世の出来事ではない。

この商取引はそれほど単純なものではない。この先物取引にドルや円やユーロの通貨がヘッジされ、巨大なデリバティブ市場となっている。コンピューターのみが知る巨大なドルが、架空のドルが動きまわっている。単純なものはコールローンや先物の売り買いである。しかし今や、「スポット・デファード・セールス」「コンティジェント・フォワード」「バリアブル・ボリューム・フォワード」……理解をはるかに超えたヘッジが次から次へと生まれてきた。そのたびに架空の世界の金が大量に生まれてきた。

ダークスーツを着こんだセールスマンが顧客を説得して回るのである。レスター・C・サローは『富のピラミッド』の「プロローグ」の冒頭で、次のように書いている。

一ドル紙幣の裏側には、未完成のピラミッドの図柄があり、その頂点には目玉が輝いている。これは、アメリカの国璽《こくじ》の裏側の図柄であり、永く忘れ去られていたものだが、アメリカの富の急激な減少をもたらした大恐慌の最中の一九三五年、ルーズベルト大統領によって、一ドル札に使われるようになった。ピラミッドは経済力とその永続性を象徴している。当時のアメリカ国民は、希望を必要としていた。崩壊状態にあった経済に代わって、永続性のある経済が生まれるという希望、アメリカの最良の時代は過ぎ去ったのではなく、今後にあるという希望を必要としていたのだ。

このサローの文章を読まれて、読者はどのように思うであろうか。「アメリカの最良の時代が過ぎ去ったのではなく……」とサローは書いている。しかもこの本は一九九九年にアメリカで（日本でも）出版された。

全編は希望に満ちている。サローは「マネーをいかに稼ぐかの法則」なるものを作成して書いている。しかし、彼は〈金の戦争〉については一行も書かない。彼にとっては、国家でなく、個人や企業がいかにマネーを儲けるかが大事なのである。

はたして、サローが書くように「アメリカの最良の時代は過ぎ去ったのでなく、今後にあるという希望を必要としていたのだ」という時代がやって来るのであろうか。

私は〈金の戦争〉は別の一面を持っていたと思う。それは、心への攻撃である。もっと詳しく書くならば、アメリカは〈金の戦争〉を仕掛けられただけでなく、同時に心の戦争の中へと強引に誘《いざな》われたのである。心が、アメリカ人の心が攻撃されたのである。

次章で、荒廃しつづける世界を見てみよう。アメリカだけではない。日本もヨーロッパも、否、世界中が、心への攻撃にさらされたのであった。

第六章◉

〈金の戦争〉に敗れたアメリカ、高利貸しバブルの日本

チェース・マンハッタンとJPモルガンは破産寸前だった

一九八一年のリーガン財務長官の「金《きん》委員会」についてはすでに書いた。ここでは、この委員会のほとんど目立たない、レーガン大統領あての勧告書の一つに触れてみたい。それは、政府が保有する金保有高（当時、すでに七〇〇〇トンを大きく割っていると思われる）をどの程度にするか、すなわち、これからどれだけの金を放出するかの点であった。

激しい議論を経ての最終報告による勧告は以下のようであった。――金保有高のどんな明確な水準も正しいとは言い切れない。従って財務省は今後も（今までと同様に）自由にアメリカが保有する金を販売できる権利を留保すべきである。万一の事態に備えて適切な水準が保たれているという条件で――。

要するに、金委員会は、一九八一年以降も財務省に金を自由に投げ売る権利を与えたのである。私がアメリカ財務省はほとんど金を保有していないであろうと言ってきたことを、読者は理解しえたであろうか。

この勧告がレーガン大統領、クリントン大統領の一九八〇年代から一九九〇年代にかけて、秘密裡に（財務省に与えられた権利によって）、金の価格が上昇すると、安値でアメリカ国民の財産を投げ捨てた。なにゆえにか。チェース・マンハッタンやJPモルガンなどのウォール街の銀行や証券会社の破綻を防ぐためである。

ニューヨーク商品取引所（COMEX）に金が先物として登場してからというもの、ウォール街のディーラーも、ロンドンとチューリッヒのディーラーも、金価格の上昇と下降の中で戦争ゲームに明け暮れていた。そして、最後の局面で、ウォール街がほとんど負けたのである。金の価格を下げないと、中央銀行に支払う金利と借出金の支払い（少しずつではあったが）が莫大となるという悪条件下で彼らは闘っていたからである。

レーガン大統領は無能で、経済の知識も皆無だった。そうしたなかで、ヴォルカーFRB議長は次々と金利を引き上げた。これが株と金の先物相場に大きな痛手を与えた。特に金の先物短期商品のほうが長期物よりも好感を持たれた。はっきり書けば、ヴォルカーの金利引き上げ作戦は金相場のデリバティブを不安定にしたのだ。

ウォール街のディーラーは金価格を下げようと短期商品を次から次へと開発し、金価格上昇を狙うロンドンとチューリッヒのデル・バンコ一族の挑戦に反撃した。そしてついに、体力を消耗したチェース・マンハッタンが倒産の危機を迎えるにいたったのである。

チェース・マンハッタン銀行の経営者、デイヴィッド・ロックフェラーの自叙伝『メモリーズ』の後半部分のほとんどは、銀行倒産の危機におちいったことに対する苦渋《くじゅう》の記録である。アメリカの象徴ともいわれた「ロックフェラー・センター」を、日本の三菱地所に売却しなければならなかった経緯をロックフェラー一族の財産分割ゆえと書いているが、これは偽りである。チェース・マンハッタン銀行は一九八〇年代末期から、経営の規模を縮小するのである。御代田雅敬《みよだまさのり》の『米銀の復活』を引用する。チェース・マンハッタンのことを書いている。

しかしながら、八六年にはムーディーズの格付けがそれまでＡａ３であったのが低下の一途をたどり、九〇年にはＢａ３まで低下したことに如実に表われているように、八〇年代中盤以降収益が悪化していた。

ホールセールではＪＰモルガンの後塵を拝し、リテールではシティコープほどのスケール・メリットがない、いわば中途半端であるとの辛い評価が多く見られた。国際的な銀行としてラ米（ラテン・アメリカ）にも積極的であったチェースは、他のマネーセンターバンク同様、ラ米債権の焦げ付きで苦しみ、そして不動産融資の不良債権化を見てリストラを決断したのである。

チェース・マンハッタンは一九九〇年九月には全従業員の一二％にあたる五〇〇〇人の削減、リストラによる三億五〇〇〇万ドルの特別損失の計上、六億五〇〇〇万ドルの貸倒引当金積み増し、五〇％以上の減配を柱とする再建計画を発表した。チェース・マンハッタンは国際競争力を著しく失っていった。

私はその原因の一つを〈金の戦争〉の敗北の中に見た。〈金の戦争〉は、通貨をデリバティブの中に投げ入れたと書いた。アメリカのほとんどの銀行は、従来からの長期債務貸付を漸減し、短期債の貸付へとシフトした。ヘッジ・ファンド中心となった。これは何を意味するのか。アメリカの繁栄を支えた鉄鋼業、自動車産業などが衰退していったことを意味する。

一九八〇年代、ヴォルカーFRB議長は公的金利を上げつづけた。激しいインフレが起こったからだ。インフレはやがて静まったものの、銀行貸付の抑制がなされた。アメリカでの高い金利を稼ごうと外貨がアメリカへ殺到した。その外貨の多くが日本からやってきた（次項ではこのことに触れる）。

ドルは急騰した。通貨が高くなったので、アメリカから海外への輸出品の値が高くなった。安い外国製品がアメリカ全土に溢れだした。アメリカ国内の工場は次から次へと閉鎖に追い込まれた。こうしてアメリカの貿易赤字は増えつづけ、二一世紀の今日でも増大している。これはしかし、表層的な見方である。

二〇世紀、特に一九八〇年から一九九九年までの二〇年間に起こったいちばん重要なことは、アメリカの人々が海外、アメリカ国内を問わず、国際通貨マフィアによって〝心〟を攻撃され、ついに、アメリカ人の持つ古き良き時代の〝心〟を喪失したということである。私はその喪失の嚆矢《こうし》を〈金の戦争〉の中に見たのである。

チェース・マンハッタンやJPモルガンのアメリカ・エスタブリッシュメントを代表する銀行は、〈金の戦争〉を仕掛けられ、デリバティブの渦中に放り込まれた。そして一九八〇年代後半、ついに倒産の危機におちいるのである。一九九一年、シティバンクは倒産寸前のところをロスチャイルドが経営するスコットランド銀行に救われる。バンク・オブ・アメリカはローマ・カトリックの力により救われる。しかし、数百もの銀行がデリバティブの波にのまれて消えていったのである。

ＪＰモルガンはどうか。この巨大な銀行はたえずロスチャイルド財閥の力で分割され、その財を奪われていった。ＪＰモルガン・スタンレーはドイツ銀行の支配下となった。前述したように、ドイツ銀行の実質オーナーはロスチャイルドである。

ＪＰモルガンは銀行である。しかし、証券業務に進出していった。この銀行は〈金の戦争〉を通じて、金利変動リスクに対処する高度な技術を入手した。それまでは長期債を発行し、大企業の生産力を維持、拡大するのに貢献したＪＰモルガンは逆に、その大企業にスワップ・オプションなどのデリバティブ商品を売りつけたのである。ＧＭもフォードもクライスラーも、車を造ることよりもデリバティブの世界にのめり込んでいった。

何が起こったか。ＬＢＯ（レバレッジド・バイアウト。企業買収の手法の一つ）の登場である。企業は生産によって利益を上げるのでなく、株主に高配当を与えるべくその戦略を変えたのである。企業買収、そしてその防衛策、この悪循環の中で、アメリカの企業は大きく変貌し、実態のない架空世界が生まれてきた。明確に書くならば、投機的バブルが発生したのである。

このバブルははじけたのであろうか。大方の見方ははじけたとされる。しかし、私は、投機的バブルは、ほんの一部ははじけたが、そのバブルの本体は増大しつづけて、今日のアメリカの株式の異常な高値の中に姿を見せている、と思っている。

もう一度、ＪＰモルガンに戻ろう。銀行というものは、収益のかなりの部分をローンの利息に負っている。金利の安い資金を調達し、これを企業に高い金利で貸して、そのローンの利ざやから利益を得て、経営の中核とするのである。ＪＰモルガンはチェース・マンハッタンとは異なる方式を採用した。トレーディングやデリバティブにより利益を得ようとした。先物の金の売買がデリバティブにより大量に行なわれた。

しかし、ＪＰモルガンには大きな弱点があった。前述したように世界の各中央銀行から金地金を借りて、この金地金をすでに安値で売っていた。現物の返済を迫られていた。それにも増して、定期的に借り入れた金地金には、現在価格をもとにした金利がついていた。金利を支払う負担は年々、金価格の高値とともに増大した。アメリカ財務省も、チェース・マンハッタンも、ＪＰモルガンに協力した。金価格を下落させるために、金の放出を繰り返した。だが、その金も底をついた。金地金の価格を下げるようなデリバティブを考案し世に出しつづけたが、ついにＪＰモルガンは倒産の危機におちいった。金デリバティブが命取りとなった。チェース・マンハッタンもＪＰモルガンと同様に、金先物取引のデリバティブで損失を出しつづけていた。ＪＰモルガンほど巨額ではなかったが。

ついに、ＪＰモルガンの倒産の日が確実に近づいた。その日は一九九九年の九月であった。〈金の戦争〉で大儲けをしつづけたアメリカの証券会社があった。デル・バンコ一族のゴールドマン・サックスである。ＪＰモルガンはゴールドマン・サックスに合併を申し入れた。しかし、最終的にこの申し出は拒絶された。次にモルガンはドイツ銀行に求婚した。しかし、ドイツ銀行も、この老いさばらえて巨額の負債を抱える銀行からの求婚をあっさりと断った。

倒産の日がさらに迫った。金デリバティブで巨額の負債を抱えているチェース・マンハッタンしか、ＪＰモルガンを救える銀行はなかった。九月七日木曜、ＪＰモルガンの金デリバティブ戦略の責任者ピーター・ハンコックが突然辞任した。たぶん、倒産の日は九月一一日月曜であろう、とウォール街に風評が流れた。しかし、一一日の早朝、チェース・マンハッタンとJPモルガンの会長が話しあい、たった五分間の会談の後、二人は記者会見に臨んだ。両銀行は合併した。

では、これからは私の推理である。

――一九九九年九月、ある時点でFRBとIMFの両トップが、JPモルガンのデリバティブの責任者ピーター・ハンコックを迎えて三者会談をした。財務長官ラリー・サマーズもこの会談に加わっていたかもしれない。

ここで、ピーター・ハンコックは、金デリバティブで敗北していった過程を告白したにちがいない。ハンコックはまた、JPモルガンの財務責任者であったから、倒産にいたる財務内容の詳細を告白したにちがいない。金の先物取引によるデリバティブのために、支払うべき金が不足するにいたったのである。FRBのグリーンスパン議長は秘かに、チェース・マンハッタンの会長デイヴィッド・ロックフェラーをこの会談の席によんだ。そしてロックフェラーにJPモルガンの財務内容を説明した。グリーンスパンは次に、ロックフェラーにチェース・マンハッタンの金デリバティブについて問いただした。ロックフェラーは、JPモルガンが倒産すれば、チェース・マンハッタンも連鎖倒産する可能性があると、語ったにちがいない。

ハンコックはこの会談の席で自分の辞任について語り、JPモルガンの救済措置を求めたであろう。グリーンスパンは、この二大メガバンクが共倒れになれば、大恐慌が起こることは必然であると語った。そしてIMFに秘密資金の提供を求めた。同時に、財務長官サマーズに、秘密裡でのドルの提供について語った、と思われる。そして、両銀行に金デリバティブから去るよう忠告したのだ。その資金が、FRBと財務省とIMFから提供されたと考える以外に、九月一一日の両行の突然の合併劇を説明できないであろう。かくて、JPモルガン・チェース・マンハッタン銀行の誕生となったのである。

一九九九年九月一一日、両銀行が合併した日こそは、〈金の戦争〉における勝者と敗者がはっきりと見えた日であった。敗者はチェース・マンハッタンとJPモルガンの両銀行の敗北の中に鮮明に姿を見せた。アメリカ最大の銀行が〈金の戦争〉を仕掛けた国際通貨マフィアたちの金デリバティブに敗れたのである。両銀行は一つの銀行となり、二一世紀の今日でも営業している。しかし、昔日《せきじつ》の面影は全くない。

私は〈金の戦争〉の第一の目的は、アメリカ財務省の持つ金の強奪作戦であると書いた。しかし、本当の目的は別のところにあったのである。それはアメリカ人の〝心への攻撃〟であった。アメリカ人の〝心〟が大きく変貌したと私はすでに書いた。映画「ウォール・ストリート」の中で、グリード（貪欲）について語るゲッコーの言葉を引用した。

「貪欲はいいのです。貪欲は正しいのです。欲深いことこそが、この世の進取の精神を明らかにし、その深奥に迫り、それをとらえるのです」

金のデリバティブ市場だけではない。〈金の戦争〉が開始されてから、無数のデリバティブが次から次へと登場してきた。これはもはや実体を持つものではあり得ない。バーチャルな世界である。この世界を継続させるために、邪悪なゲームが進行中である。

では、日本はどうか。一九八〇年代、日本はアメリカが〈金の戦争〉で苦悩の日々を送るのをよそに大繁栄の時を迎える。この日本の大繁栄は、ロンドンとスイスに巣食う、デル・バンコ一族が仕掛けたものであったのだ。日本は〈金の戦争〉のお陰で大繁栄の時を迎え、そして裏切りの時を迎え、奈落の底に突き落とされたのである。

次項で、日本のバブルと〈金の戦争〉との深い結びつきを見ることにする。

日本の繁栄はロンドンとチューリッヒの演出であった

アンソニー・サンプソンの『ザ・マネー』から引用する。一九八〇年代のアメリカを知るためである。

レーガン政権の最初の二年間は、激しい景気の後退が高金利と高失業率のためにいよいよ悪化していった。いくつかの工業地域が閉鎖に追い込まれ、一九八二年一二月までに、一二〇〇万人が職を失った。だが一九八二年秋になると、インフレも勢いが弱まり、ヴォルカーは通貨供給量の制限を急いで緩和した。一九八三年はじめに至るやアメリカ経済は回復し始め、数百万の新しい仕事が創出された。だが、富のバランスが徹底的に変わってしまっていた。アメリカの国勢調査によると、アメリカ人口中の最低収入層四〇％の実質収入は、一九八〇～一九八四年の間に三％低下し、一方、上位一〇％は収入が七％増加しているのである。

この上層と下層の実質収入は年を経るごとにひらいていった。これは一九八〇年代の特徴をよく現わしている。最低収入層の仕事は生産部門が主である。この部門の雇用が減った。一方、国際金融市場におけるデリバティブの取引が拡大し、機関投資家などが増えていった。

一九七二年、シカゴ・マーカンタイル取引所（ＣＭＥ）が新規事業部門としてＩＭＭを創設した。これに遅れて、ＣＯＭＥＸが出来た。ＩＭＭは外国通貨先物の取引を開始した。ＣＯＭＥＸが金の先物取引を開始すると、この金の先物取引にも加わった。このことはすでに書いた。しかし、デリバティブが拡大していったのは一九八〇年以降である。

一九八〇年代後半になると、ヨーロッパとアジアに開設されたデリバティブ市場がアメリカ市場のシェアを減少させた。しかし、デリバティブ市場の拡大によって、各種のドル債券やユーロダラー先物などの取引が可能となった。これがドル金利のヘッジを世界中の市場で可能にしているのである。ここで、ユーロダラーと日本の繁栄が大きく結びついているからである。

ドル金利のヘッジが世界中の市場で溢れているのは、一方でヨーロッパでユーロダラーが大量に動きだしていたのと関係があるのだ。

一九九一年、『ＮＨＫスペシャル・いま世界が動く③』が日本放送出版協会から刊行された。テレビ番組を単行本化したものである。

この中で大阪市立大学経済研究所の中尾茂夫助教授（当時）が作成したトライアングル・マネーフローの図が紹介されている（下図は同書をもとに作成）。

次に、同書から引用する。


注目すべき点は、在米銀行の対外借越残高も日本の海外銀行への借越残高も、急速にこの数年膨れ上がっていることである。アメリカは純債務国なのだから当然の傾向だとしても、純債権国・日本がそれを上回る資金調達ぶりを示している。一方で、日本は証券投資や直接投資といった長期資産においては膨大なネットの債権超過である。このように海外から短期資金を調達し、長

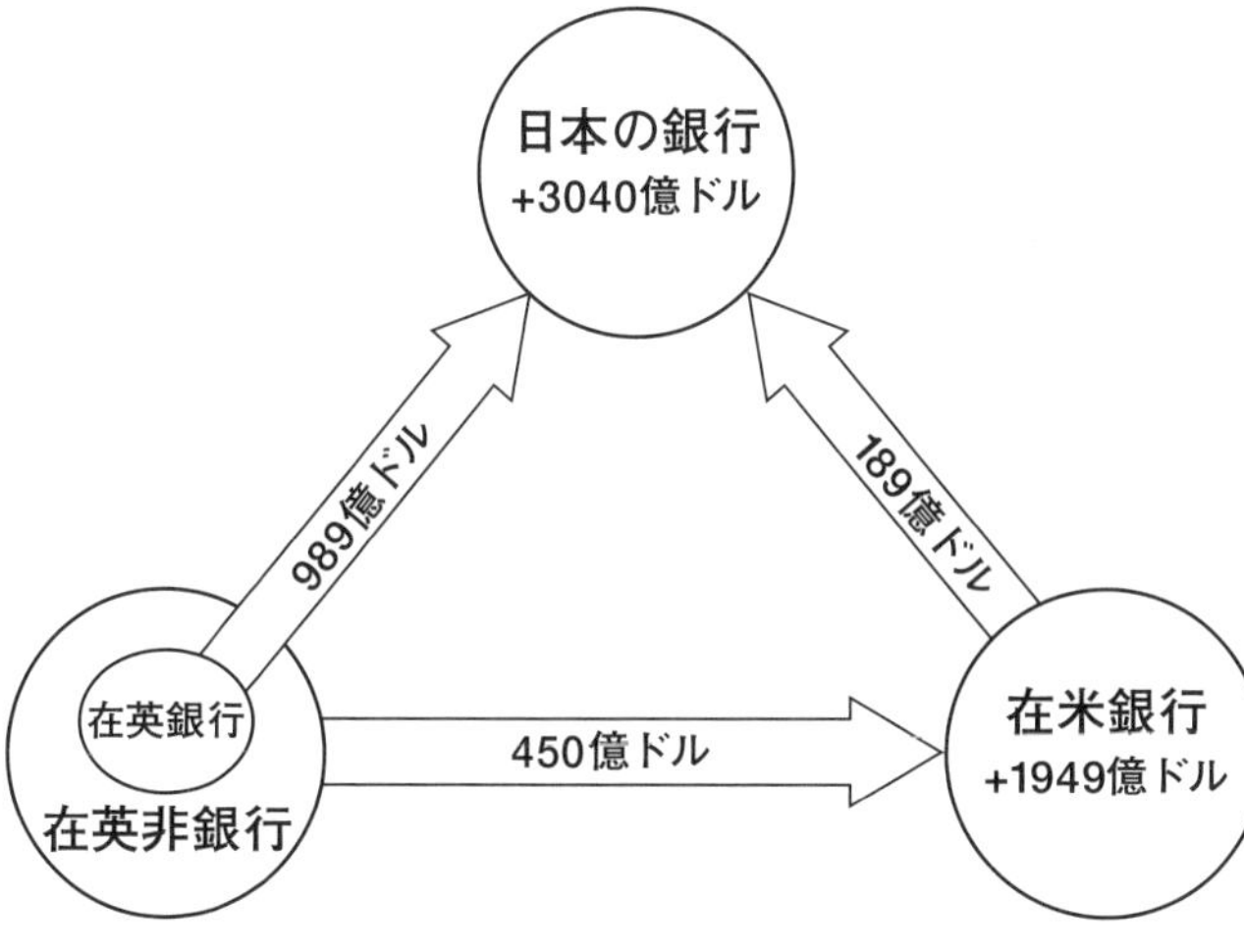

期資産に投資するという日本の「短期借り・長期貸し」の経済構造を「又貸《またが》し国家」と中尾助教授は規定している。

私は一九八〇年代の日本の繁栄、日本のバブルは「又貸し国家」ゆえであった、と思っている。俗な言い方をすれば、「高利貸し国家日本」である。この本を読み進めてみよう。二〇世紀末のみならず、二一世紀の日本の〝今〟が見えてくるのである。

「又貸し国家・日本」の構図をわかりやすく言えば、以下のようになる。日本の長期資本収支は一九八〇年以降、赤字額が増え続けている。つまり海外への資本輸出が続いている。この資金は経常収支だけではまかない切れていない。それでユーロ市場（自国内以外に外国で行われる通貨取引の場）におけるインターバンク取引によって資金調達が行われているのである。

わかりやすく説明するならば、日本の銀行は、自己資金が少ないので、アメリカ市場などでバクチを打つために、ロンドンやチューリッヒの誘惑を受け入れた、ということである。当時の日本の公定歩合はアメリカを超えてさえいた。それで、ロンドンとチューリッヒの銀行は、余ったユーロダラーを安い利率で日本の銀行に貸し付け、この資金を、主としてアメリカに環流させた。これを難しく表現するならば「インターバンク取引」という。俗な言い方をすれば「又貸し商法」である。

ＮＨＫ取材班はイギリスの大手銀行のひとつ、ナショナル・ウェストミンスター銀行を取材している。その様子が書かれている。

私たちが取材したのは、わずか一時間、その間にも四、五分おきに取引が成立しているようで、ディーラーたちは電話を片手に次々と書類を作成していく。でき上がった書類を見ると、日本の大手都市銀行から一〇億円や二〇億円といった単位で資金調達が依頼され、取引が成立したことがわかる。取引は円建てがほとんどで、融資額が大きくなりすぎないように、この銀行の場合、一日三〇〇億円ぐらいまでに規制しているという。

ロンドンの一銀行が一日に三〇〇億円近くの金を日本の銀行に貸していたのである。ＮＨＫ取材班はイングランド銀行（イギリスの中央銀行）の調査資料を入手している。

「イギリスにおける世界の銀行の資産シェア」というその調査報告書では、日本の銀行のイギリスにおける資金総額は二七五四億ポンドで、すべての在英銀行に占める割合は四分の一に近い二二パーセントにも上っていることが明らかになった（アメリカの銀行の占める割合は九・五パーセントにすぎない）。

ロンドン・シティの日本に貸し出す資金は、ほとんどがユーロダラー市場からのものであった。日本の銀行はこのユーロダラーの資金を低い金利で借りた。利益率よりも市場シェアの獲得を狙う日本の伝統的経営がこれを助長した。国際的貸出市場は日本の進出によって利益の薄い市場となった。高利率を中心とした欧米の銀行は日本との戦いに敗れていった。

私は〈金の戦争〉と日本の銀行の進出を重ねて考えるのである。どうしてか。ユーロダラーの環流にその原因がある。

ユーロダラーを金に替えようとしたド・ゴール将軍は、かなりの量の金塊をフランスに持ち帰った。しかし、アメリカは激しく抵抗した。ニクソン・ショックが世界を襲った。アメリカのドルがヨーロッパに大量に流れたが、そのドルを還流させる術《すべ》がなかった。そこで、ユーロダラーをいかに利用するかが考えられた。

〈金の戦争〉もユーロダラーと深い関係がある。この点には触れた。そして一九八〇年代、金価格の上昇、金デリバティブの登場でアメリカの銀行、証券会社の多くが経営難におちいった。ロンドンとチューリッヒの国際通貨マフィアは、日本の銀行に的を絞った。低利で大量のユーロダラーを提供したのである。

体力の落ちたアメリカの銀行は、自分たちの融資先の企業が日本の銀行によるより低利の融資に切り替えていく姿を見ることになった。日本の銀行は低金利で顧客企業の専有を狙ったのだ。従って、〈金の戦争〉によって体力の弱ったチェース・マンハッタンやＪＰモルガンは企業融資による利益率が落ちていった。私は日本の銀行が知る、知らずはべつにして、国際通貨マフィアが仕掛けた〈金の戦争〉に協力していたとみている。

スイスのチューリッヒでも日本の銀行はたくさんの資金を獲得した。クレディ・スイスへのNHKの取材を見よう。クレディ・スイスとドイツ銀行はロスチャイルドの所有する銀行であることは、すでに書いた。この銀行のハンス・ウルリッヒ・ドゥーリック副頭取はNHK取材班に次のように語ったのである。

一九七四年以来、日本の企業がスイスで資金を調達するケースが増え続けています。この一五年間で、一五〇〇億スイスフラン、日本円で約一五兆円の資金をスイス市場から調達しました。そのうちの一〇〇〇億スイスフランは、転換社債とワラント債です。企業は鉄鋼、化学、運輸、そして銀行などさまざまな業種です。また、興味深いのは日本の同一企業が繰り返しスイスで資金調達をすることです。この二、三年で一〇回もやって来た日本企業もあります。(略) スイスで資金調達をした日本企業のうち一〇パーセントが銀行です。金額でいえば、この数年で約一兆円になります。一九八五年以降、日本の三五の銀行がスイスにやって来て、転換社債を発行しました。特徴としては、日本の銀行の転換社債は利率が低いことでした。当時は日本の株価がどんどん上がっていましたから、社債としての利率は低かったのです。一九八七年、八八年、八九年と日本の銀行が転換社債を発行したとき、株式市場は非常に良いものでした。BIS規制のために、日本の銀行は資金を増やさねばならず、日本の銀行の転換債発行は当然のことでした。

アメリカの金融界が〈金の戦争〉で悪戦苦闘しているとき、日本の銀行はロンドンとチューリッヒの銀行から潤沢な資金を得ることができた。これは見方を変えれば、ロンドンとチューリッヒの国際通貨マフィアたちが、日本の銀行を使って、アメリカの金融体制の弱体化をはかったということを意味する。

調子に乗った日本の銀行はその資産をアメリカに流入させるだけでなく、日本の株式市場にも注ぎ込んだ。日本の株式市場に何が起こったのか。株式の供給増大が確実に株価の潜在的下落の要因となった。株価の上昇は一方で、株価の暴落がいつ訪れても不思議ではない、という逆説を秘めている。

ＢＩＳ規制こそが日本のバブルをはじけさせた原因である、そう解説する経済書が多い。だが、銀行の自己資本率八％を定めたＢＩＳ規制ゆえに日本の銀行がおかしくなり、バブルがはじけたのではない。土地神話も異常なる株価高騰とその急落も、自然の理である。

確かに、八％のＢＩＳ規制ゆえに、日本の銀行が目指した世界制覇の夢ははかなく消えた。一転して日本の銀行は総資産の圧縮に入った。しかし、もとを辿《たど》れば、ロンドンとチューリッヒの遠望によって、日本の銀行や企業が踊らされたのである。日本の銀行はアメリカの金融体制を揺るがすべく利用されたのである。

そして、ご用済みになった日本の銀行にＢＩＳ規制が襲いかかった。借り入れたロンドンとチューリッヒの銀行からの借金を返すこと、自己資本獲得のための総資産の圧縮、つまり貸出は抑制され、貸し出した資金の回収に銀行は走りだした。かくて日本のバブルははかなく消えていく運命にあった。

一九八〇年代、アメリカと日本はロンドンとチューリッヒの仕掛けた〈金の戦争〉に痛めつけられたのである。〈金の戦争〉の意味を知り、日本の繁栄の時が、その戦争によりもたらされ、その戦争ゆえに消えていったことを理解されよ。

日本人も、〈金の戦争〉がもたらした〝心の攻撃〟によって、狂乱の世界に入っていったのである。

金の価格はどうして下降を続けたのか

金のデリバティブについて別の方向から見てみよう。高橋靖夫と奥山忠信の『金の魅力、金の魔力』（二〇〇二年刊）からの引用である。この本が書かれた時点ではまだ、リップスの『ゴールド・ウォーズ』は出版されていない。では、この本から引用する。

一九八〇年一月二一日に八七五ドルをつけるまでは、金価格を決める需要と供給は基本的には「実需用」と「実供給」であった。

ところが、構造的に「仮供給が増加するビジネスモデル」が八〇年代の半ばに導入されたのである。カナダのバリックゴールド社という大手産金会社が開発した「先売りヘッジ」

である。「先売りヘッジ」というビジネスモデルは、将来金価格が下がるとの確信がある場合に、まず一年後に生産する予定量の金、あるいは二年後に生産する予定量の金、さらには三年後に生産する予定量の金などを、大量に金の現物を持っている金の貸主（おもに中央銀行）を探し金利を払って借り出す。次に、借り出した金を先物市場で現在の価格で売却する。将来一年後、二年後あるいは三年後に実際に掘り出した時点で、その生産した金で貸主に返済する仕組みである。

ここには「先売りヘッジ」についての解説が書かれている。私はＪＰモルガンとチェース・マンハッタンが金デリバティブにのめりこんでいった、と書いた。中央銀行から金を借りて、この金を売ってしまい、金利を払いつづけなければならなくなったチェース・マンハッタンやＪＰモルガンを中心とするウォール街の金ディーラーたちは、金価格を下げるような「先売りヘッジ」を開発したのである。

しかし、彼らの思惑はたえず裏切られたのである。その一例を挙げる。宮崎正弘の『ユダヤ商法と華僑商法』から引用する。

一九九三年はソロスがもっとも大活躍する年となった。まずソロスは金投機に絡んだ。金は一オンス＝三四五ドル平均のときにソロスは天文学的資金を投じて仕入れていた。すぐに一オンス＝三八五ドルに上昇し、彼はたちまちにして全量を売却した。これはゴールドスミスとも組んでいたために過大なほどの話題を集めたが、場違いな金取引でも数億ドルの稼ぎがあった。

それでは次に、広瀬隆の『アメリカの経済支配者たち』から引用する。

一九九三年には、ロスチャイルド家のジェームズ・ゴールドスミスと投機屋ジョージ・ソロス、全米最大の産金会社ニューモント・マイニング、イギリスのロスチャイルド家当主ジェイコブ・ロスチャイルド男爵が動かすロスチャイルド投資信託（ＲＩＴ）が相場を動かし、金価格が一オンス四〇〇ドルを突破した。

国際相場では、ロンドン・ロスチャイルド銀行が金価格を決定するため、イギリスの重量単位を使って金をオンスで売買する。純金の延べ板一枚が一〇〇トロイオンス（約三・一キログラム）という重さである。金は重い金属で、本書（文庫本）と同じ大きさでも三・五キログラムあるので、一オンス四〇〇ドル、一ドル一二〇円の時、五四二万円という大変な価格である。

金取引で巨利を手にした投機屋ソロス

ここに引用した二つの文章を読んでいただければ、〈金の戦争〉の意味がだいぶ分かってきたであろう。ロスチャイルドをドンとする、国際通貨マフィア、デル・バンコ一族は、たえず下がった金価格にゆさぶりをかけ、上昇したところで売りに出す。その差額で莫大な利益を上げる。一方、この金価格を下げるべくＩＭＦとかアメリカ財務省が底値のときに金を放出する。「先売りヘッジ」で金価格の下降日時を指定してデリバティブを仕掛けた連中は、下降日が国際通貨マフィアの乱入により乱され大損をする。このような繰り返しの中で、ウォール街はロンドンとチューリッヒが仕掛けた〈金の戦争〉に敗北しつづけたのである。

さて、一九九〇年代の〈金の戦争〉に舞台を移そう。この戦争はこの一〇年間に最終局面を迎えるのである。例によって、ジムのリップスへの質問の場面から見ることにしよう。

ジム　あなたは著書の中で一九九〇年代のゴールド・ウォーズのことを書いています。それがどのようにして始まったかお話しください。第二の「ロンドン金プール」が登場したように私には見えます。一九九〇年代には金に対する需要が盛り上がりました。需要は新規供給を上回りましたが、それでも価格は下がりつづけました。なぜそのようなことが可能だったのでしょうか。

リップス　それが可能だった理由は、ウォール・ストリートの利口な投資銀行家たちが、金相場が弱気におちいっている時期に金を使って利益を稼ぐ方法を考え出したことにある。彼らは、いわゆる「金《ゴールド》キャリートレード」を開発した。この取引では、中央銀行がブリオンバンクに金を貸し、今度はブリオンバンクがその金を売却して高利回りの米国財務証券を購入した。新しいビジネスが始まった。金鉱山会社も金を先物で売るように説得された。そのようにして金市場には常に圧力がかかるようになった。しかし、中央銀行にも売却に向けて圧力がかかっていた。

ブリオンバンクについて書く。これは直訳すれば「金地金銀行」である。金などの貴金属を扱う銀行を総称して呼ぶときに使われる。

しかし、日本の銀行は法令上、貴金属の取引は制限されている。日本では商社がブリオンバンクとしての業務をしている。ブリオンバンクの主な収益源は取引仲介の手数料であった。しかし、ブリオンバンクは金鉱山のヘッジや中央銀行からの金借り出しの仕事に手を出した。リップスは鋭い視点から金《ゴールド》キャリートレードを見ている。ブリオンバンクは貸し出された金を売却し、そのドルで米国財務省証券などを購入した、というのである。

このリップスの証言で、いかに米国財務省が金価格を値下がりさせるべく、金地金を売り払ったかが見えてくる。アメリカ財務省発行の証券、すなわちアメリカ国債を多量に売らなければ財政赤字が増大し、破綻が迫っていたからである。金《ゴールド》キャリートレードとアメリカの財政収支の赤字補填はつながっていたのである。〈金の戦争〉は、アメリカ財務省の金を強奪する作戦であると同時に、アメリカの財務内容をより悪化させる作戦でもあったのだ。

　この頃のはじめに、バリックゴールド社の「先売りヘッジ」について書いた。この「先売りヘッジ」について別の視点から見てみたい。

　この先売りヘッジは金の生産会社（探鉱会社は含まないことにする）、いわゆる金鉱山会社のものである。金市場に金デリバティブが登場する以前にも、単純な先物取引はあった。金鉱山会社が一オンスを生産するのに要する経費が三〇〇ドルだとする。金鉱山会社は三〇〇ドルに利益分を上乗せし、三五〇ドルで先物契約を結ぶ。そして期限がくると、三五〇ドルで金塊を売る。

　しかし、金デリバティブの世界が金鉱山の金塊価格を左右しだした。金価格の下降は、金鉱山の生産価格を無視したものとなった。バリック社は確かに、「先物ヘッジ」を開発し安値に金をデバレッジし一時的には大儲けした。しかし、空売りで金価格を下げようとするにいたった。ウォール街はこの「先物ヘッジ」に便乗した。チェース・マンハッタンやＪＰモルガンの投機筋がバリックに同調し、金価格を操作し値下がりを演出した。世界中の金鉱山が採算割れで倒産していった。そうした倒産劇を積極的に応援しつづけたのがＩＭＦであった。貧しい国を救済するという目的のために設立されたのは偽りであった。ＩＭＦの究極の目的の一つは、アメリカ財務省と各中央銀行の金を、国際通貨マフィアが持つ、スイスのある秘密の場所に移すことにあったのだ。

一九九〇年代の途中から、国際通貨マフィアは二つの〝仕掛け〟をするようになった。一つは、一時的な金の値上げ工作である。一九九三年、ソロスとロスチャイルドが大金を投入して金価格を一時的につり上げたのがその一例である。

これにはもう一つの隠れた目標があった。一時的にしろ、金鉱山の生産をストップさせることである。アメリカ財務省と各中央銀行の金を安値で放出させ、これを秘密裡に購入し、スイスの山中に隠し、金の独占化を狙ったのである。金の産出国は貧しい国が多い。その貧しい国でも金を生産できないほどに金価格を下げるのは、彼らの金の独占化の狙いゆえであろう。

スイスの銀行、そしてＢＩＳが市場動向と関係なくロシアと南アフリカから金塊を輸入し、スイスの山中の精錬所で純度の高い金地金にし、これを隠しつづけていることはすでに書いた。その大部分は宝飾品、工業製品用として放出されるのであるが、それ以外の金は退蔵されつづけている。一九九〇年代は、アメリカ財務省、ＩＭＦ、そして各中央銀行の金以外はほぼ消えた一〇年として位置づけられよう。

一九九〇年代の一〇年間に的を絞って中央銀行を見てみよう。金は確実に消えたのである。次章で、その消えた金の謎に迫ってみよう。

第七章●

金が中央銀行から消えた謎に迫る

ＦＲＢとＩＭＦは、国際通貨マフィアのために金価格操作をした

ＦＲＢ（連邦準備制度理事会）が国際通貨マフィアの一機関であることについては書いた。ここでは、ＦＲＢの意思決定機関といわれる連邦公開市場委員会（ＦＯＭＣ）について書くことにする。

ＦＲＢの中でも、ニューヨーク連邦準備銀行は突出した地位にある。連邦公開市場委員会で、ニューヨーク連邦準備銀行の総裁はＦＲＢ議長のすぐ右隣りに永遠に席を占める。この準備銀行の株式はニューヨークの銀行五行が保有するが、この五つの銀行を支配しているのはロンドンのロスチャイルド商会である。

連邦準備制度は厳密に通貨供給を管理しているわけではない。厳密に金利を決定することも出来ない。通貨供給量と金利に対し、方向性と幅を設定することはできる。時に、連邦準備制度は公開市場操作をし、金利を高めにしたり、低めに設定したりする。連邦公開市場委員会はその操作のための隠《かく》れ蓑《みの》的な役割をする。

ＦＲＢは、アメリカ財務省と結託して金《きん》価格の操作をしたり、国民に知らしめることなく、ドルを印刷している可能性がある。一九九九年のチェース・マンハッタンとＪＰモルガンの合併劇についてはすでに書いた。このとき大量のドルが秘密裡に両行に渡った可能性についても私は書いた。それなりの証拠がある。二〇〇二年一月二五〜二六日、連邦公開市場委員会は記

者会見の席上、委員の一人が記者の質問に答え、次のように語ったのである。

「金利を引き下げても、深刻な景気後退が避けられないのならば、緊急な非伝統的な措置を取り上げねばならない」

これは、偽ドルの印刷をほのめかす発言であった。

フランクフルトの「アルゲマイネ」という雑誌（二〇〇七年一月八日号）は、北朝鮮が作ったという「301K」なる偽ドル札はアメリカのCIAが作ったものである、と書いた。これに対し、CIAもFRBも財務省も反論しなかった。アメリカは偽ドルを大量に印刷している可能性が大である。あのユーロダラーも、かなりの量の偽ドルが混じっているとの噂が絶えないのである。

アメリカはドルを大量に印刷し、緊急の場合は、独断でこれを闇処理する。金デリバティブ、株価の高値誘導、大手企業の倒産防止のために、これらの偽ドルが使われているとみられる。このFRBと連携して行動しているのが国際通貨基金（IMF）である。IMFと財務省の関係については書いた。それでは、IMFと金デリバティブの関係について書いてみよう。

一九九九年三月一六日、クリントン大統領はIMFが保有する金を売却するという提案をした。財務長官ロバート・ルービンが、この大統領の演説を受けて説明した。

「IMFが債務救済プログラムへ資金を提供するため、五〇〇万から一〇〇〇万オンスの金を売却することになっても、金市場は混乱することはないだろう」

このクリントン大統領とルービンの発言に、フランス大統領ジャック・シラクも賛成した。この一九九九年三月に何が起こり、ＩＭＦが金の放出を決めたのか。

ＩＭＦは金売却の準備に入った。金産出国の南アフリカ、オーストラリア、カナダの金鉱山の経営者たちは、金の価格が下がり、経営が悪化すると反対の声を上げた。やがて、このＩＭＦの金売却は金市場、特にニューヨーク商品取引所（ＣＯＭＥＸ）の先物市場、そして金デリバティブのための操作であるという噂が広まりだした。アメリカ連邦議会も反対の声明を出した。上下両院合同経済委員会のジム・サクストン下院議員は「一部の特権者に納税者の富を移転することだ」と非難の声を上げた。

ここには隠れた危機が進行していた。あのバリックゴールド社の「金デリバティブ」が破綻しそうであったのだ。

バリック社は、株主、債権者に故意に事実と異なる説明をつづけていた。バリック社の金ヘッジ操作に便乗して、チェース・マンハッタンもＪＰモルガンも、金デリバティブでの不正操作をしていた。彼らは「中央銀行が安値で金を貸し出しているから、このヘッジ操作は半永久的につづく」という説明を株主や債権者に繰り返していた。真実は、ウォール街がバリック社を動かしていたのであった。バリック社は市場価格よりも高い価格で金を売却できると主張しつづけた。

後述するが、各中央銀行は、一九八〇年代後半から一九九九年にかけて、特に一九九八年から一九九九年の二年間に、一般市場で大量に金を放出するのである。

私は〈金の戦争〉について書いてきた。そして、一九九九年九月に、ついにこの戦争が終わったと書いた。それは、倒産寸前のチェース・マンハッタンとJPモルガンの突然の合併劇の中にその姿を見せた、と。この両銀行の合併の半年前のIMFの金放出は大きな意味があった。金価格の上昇が、ウォール街を破滅させかねないところまでいっていたということである。金デリバティブが金鉱山を巻き込んでいることは書いた。中央銀行が貸し出した金は〝幻〟であった。それは金デリバティブに悪用されたのである。

それでは、この〈金の戦争〉を仕掛けた国際金融マフィアの連中はどのような処置を考えていたのであろうか。以下は例によって私の推理である。

――バリック社にやらせた「先売りヘッジ」は上首尾にウォール街の連中を巻き込んだ。チェースもモルガンもバリック方式を採用し、金デリバティブの泥沼にのめりこんだ。バリック社の株主や債権者には少々の真実を教えてやったので、「先売りヘッジ」が不正操作であることがバレてきた。しかし、これがアメリカの議会の知るところとなろうとは、こちらも甘かった。ついに、ウォール街の金デリバティブの操作も最終局面に入った。われわれの調査によると、JPモルガンが金デリバティブで失敗し、九月には倒産の可能性がみえてきた。「ザ・グループ」の中枢の数人で、モルガンを倒産させるかどうかを検討した。アメリカから数人の要員を呼んだ。一人は、連邦緊急事態管理庁（FEMA）のトップだ。JPモルガンの倒産はアメリカに大恐慌が発生することを意味する。株価の大暴落、ドルの紙屑化は予定済みであるが、アメリカに暴動が発生することに対する、われわれの処置・対策は十分であろうか。FEMAのトップは、クリントンは戒厳令の施行に同意を示していないというのだ。もう一つ、外国からの傭兵の数も足りないという。

結論を述べることにしよう。アメリカの大破局は、今回は起こらない。われわれはJPモルガンに救いの手を差しのべる。同時に、近い将来には確実とみられていたチェース・マンハッタンの倒産に対しても救いの手を差し出す。そこで、われわれは、ルービン財務長官を動かした。ルービンはクリントン大統領にわれわれの意向を伝えた。われわれはまた、シラク大大統領にも説明した。シラクは先陣を切って、IMFの金放出への賛意を表明すると語った。IMFだけでは不十分である。われわれはスイスの国立銀行の金も放出させる努力をしてきた。スイス国立銀行の金も放出させる。

この世紀末に、われわれは金を独占するという永年の夢がやっと叶う時が来たのだ。しかし、世界制覇の夢は少しだけ延ばさなければならない。これは仕方のないことだ。諸君、二一世紀のある年を目標にしている。ごくごく近い将来だ。われわれは、われわれに全面的に協力するアメリカ大統領を育てる準備に入った。その大統領となるべき人物はわれわれの意を深く理解している。その時こそ、アメリカはわれわれの意のままとなろう。

なお、放出された金を回収する方法は例のごとくだ。最後まで気をぬかず、放出された金の大半を回収されよ。――

ほんのちょっとした操作ミスでも世界は大恐慌に襲われる

一つの操作ミスが世界経済を大きく狂わせることがある。一九九三年、ベアリング恐慌といわれるものがあった。ラテン・アメリカの資本輸出にかかわっていたイギリスの大手銀行ベアリング商会の一社員、ジャック・ホナーがコンピューターの操作ミスを繰り返した。ベアリング商会のアルゼンチン向け証券引受業務に失敗し、その失敗を成功へと導こうとし、いたずらに操作を繰り返しているうちに、ベアリング商会そのものの本体が倒産寸前となったのだ。

このために、ベアリング商会は債務返済の資金を調達しようと、シカゴの先物取引所およびオプション取引所、ロンドン国際金融先物取引所……で資産を売却しつづけた。その結果、金相場が急落したのみならず、アメリカ、イギリス、フランスの株価も大きく下がった。

ベアリング恐慌は別の意味で、世界に大きな影響を及ぼした。ベアリング商会は永年蓄積していた金地金《じがね》を債務返済のために放出したのである。

イングランド銀行はこの緊急事態に直面し、公定歩合の引上げ、ベアリング商会の債務保証を発表した。アメリカのチェース・マンハッタンとＪＰモルガンが緊急措置で救われたように、イギリスもベアリング商会の倒産を避けたかったのだ。イングランド銀行はフランス銀行から金を借り入れた。この金をベアリング商会に渡した。ベアリング商会は金を担保にドルとポンドを獲得し、債務処理をした。

ここで、ベアリング恐慌が持つ意味について私なりの意見を書いておく。

＊たかが一従業員のコンピューター操作によっても、大銀行は倒産に見舞われる可能性があること。

＊ベアリング商会がソフトトランディングで、倒産を一時的に回避できたのは、金地金が保証となりえたこと。

＊デリバティブが主流となった金融世界では、予期せぬ小さな操作ミスでも、市場を崩壊せしめること。

＊今日、金融市場は人為を超えた独自の生命体となっていること。ヴァーチャル世界と現実世界がその生みの親であるが、親の存在たる現実世界が完全に無視されていること。

＊ドルも円もユーロも今や猛烈なスピードで世界を駆け巡っているが、それを制御するものはこの世に存在しないこと。

FRBも、ドイツ中央銀行のブンデスバンクも、英国政府にベアリング商会の救済の支援をすると約束した。しかし、危機が進むなか、何一つ有効な方法を見出せなかった。ベアリング商会を救ったのは英国政府でなく、イングランド銀行であった。その救出の場に登場したのが、イングランド銀行の金と、フランス銀行から借りた金であった。金のみが、ベアリング商会の倒産を寸前に救ったのである。

しかし、ベアリング恐慌でもっとも大きな被害を蒙《こうむ》ったのはヘッジファンドだった。確証はないが、ベアリング恐慌が金デリバティブの世界に大打撃を与えたと思えるのである。この一九九三年の事件を境として、銀行はヘッジファンドに対して、貸付を拒むケースが増えたからである。ヘッジファンドがデリバティブ取引に対する証拠金を支払えなくなるケースが増えたのだ。あのバリック社の「先物売りヘッジ」の詐欺的行為が世評に登場するのも一九九三年の終わり頃からだ。株価下落は金価格下落を誘引する。ヘッジファンド筋が「空売り」をしだしたのもこの頃である。

「空売り」は何をもたらしたか。最も流動性が高いと宣伝されていた先物とオプション市場の流動性が底を尽きだしたのである。COMEXはどうして金の先物取引をつづけてこられたのか。一年分の金が八〇〇トンから一〇〇〇トンしかないのに、一日の商いが八〇〇トンも一〇〇〇トンも超えている。これにはカラクリがあった。永久運動という名のカラクリであった。先物取引は流動性を売り物にしていた。永久に売買がつづくと信じ込ませ、投機の人々を洗脳していた。

私は一九九三年を境にして、ウォール街での金デリバティブで延命をはかりつづけた銀行と証券会社は窮地におちいった、と思っている。

それは、金デリバティブに投資してきた一般大衆が、ようやく金デリバティブがもたらすであろう危機の深刻さに気づきだしたのである。一般投資家たちは、金デリバティブで手にした証券を手にし、銀行や証券会社にやってきた。彼らは金そのものを要求した。投資ファンドは彼らの要求を無視できなくなった。金デリバティブの投資ファンドは資産を売却し、本物の金を買い入れ、一般投資家に渡しだした。

こうして、ウォール街の金デリバティブという詐欺的手法であぶく銭を稼いだチェース・マンハッタンやＪＰモルガンは、経営危機に突入していったのである。ほんの小さな操作ミスがベアリング商会を最終的につぶし、投資ファンドに危機をもたらしたのである。

それだけではなかった。ベアリング商会の倒産劇が進むなか、英国の銀行の株価は急落しつづけた。英国の銀行の経営回復は二一世紀に入ってからである。

ではここで、デリバティブと銀行の関係を見ることにする。この世の経済がいつ崩壊しても不思議ではないことを読者は知るべき時を迎えているのである。

世界の国のなかでも、ラテン・アメリカはよくデフォルト、すなわち債務支払い不能になることがある。そのために、クレジット・デリバティブという市場が生まれた。一九九〇年代の中頃である。金デリバティブ市場がおかしくなった頃である。金デリバティブ市場をつくった連中が、今度は失った資産を奪回するために発展途上国の債務不履行の国々に注目しだしたのである。そして、債務不履行リスクをヘッジする（防ぐ）という大義名分を立て（これも欺瞞《ぎまん》以外の何ものでもない）、クレジット・デリバティブ市場をでっち上げた。ＩＭＦもこの市場に加わるのである。契約の相手に銀行を誘い込んだ。金デリバティブに中央銀行を誘い込んだのと同じ手口である。銀行もうまい話だというので乗ってしまった。

銀行の役割とは何か。銀行は債券の保有者に対して、債券の満期時点の価値と、債務国が債務不履行となった時の実際の債券の価値との差額を支払うことを保証する、とした。たとえば、一〇〇ドルの価値の債券が債務不履行となったら、債務不履行で二〇ドルの価値しかなくなったら、どうなるのか。銀行は債券の保有者に八〇ドルを支払うと約束したのである。これは銀行が、何か別の大きな組織との密約を結んでいることを証してはいないだろうか。債務国が倒産しても銀行には損をさせない、という大きな組織が存在するのではないか。

私はこのクレジット・ファンドの正体を次章で解明する。IMFと、IMFを利用して不正取引をつづけざるを得ない、金デリバティブ市場の悪党どもが、その姿を見せるであろう。次項は、金を放出しつづける中央銀行に再び迫ることにしよう。

中央銀行は底を打つまで金を放出しつづけた

中央銀行は、金トレード・レートに、すなわち、金デリバティブ市場に金を貸し出すだけでなく、金を市場で安値で売ったことは、たびたび書いた。この謎にもう一度迫ってみたい。

リップスの『ゴールド・ウォーズ』に、ロバート・マンデルが一九九九年一一月一九日にパリで開催されたワールド・ゴールド・カウンシル（WGC）の会議で述べた内容が載っている。チェース・マンハッタンとJPモルガンの合併から二カ月後のことである。〈金の戦争〉の勝利宣言のようにもみえる。マンデルは、ユーロに理論的裏付けを与えた、ということでノーベル経済学賞を受賞している。

金は、いくつもの不安定要因にさらされています。そのなかには、いくつかの大国の政府による不安定化の試みも含まれています。金に対して過去に二〇年間、各国政府は金についてどのような政策をとっていたのでしょうか?

一九八〇年代に一オンス八〇〇ドルまで金価格が上昇した際に、どこの政府も金を売らなかったのです。これはとても奇妙なことです。価格が沸騰した時に売却すれば、金利がもたらされたでしょう。市場も安定していたでしょう。しかも、さらに不思議なことに、各国政府は金価格が暴落して底を打つと、売るのです。実際に大底を打ったようにみえる今になって、イギリス政府は金を売却しています。

つまり、価格の安い時に売却し、高い時に売却しない各国の政府こそが、金市場を不安定なものにしているのです。各国政府は、金を安く買って、高く売るというように、政策を改めるべきだと、私は考えます。

マンデルは、国際通貨マフィアの意に添ったがゆえにノーベル経済学賞を授与されたユダヤ人である。ノーベル経済学賞の受賞者は一部の例外を除き、ほとんどがユダヤ人である。ノーベル賞受賞者の本を読んでみると分かることだが、どれもが、ドルまたはユーロなどの紙幣の流通に関する新説である。それもたいした新説ではない。私が書いてきた〈金の戦争〉

に関する話は一行もない。簡単に表現するならば、ユダヤ経済学の六文字で片付けられるものである。

WGCがいかなるものであったかの記録はない。しかし、推測は出来る。マンデルは、こう語っているのだ。

――ここに出席されたみなさん、ついに中央銀行は、私たちの軍門にくだり、持っていた金のほとんどを放出しました。私たちは、中央銀行が高い時に売却しない方針を徹底的に貫かせた、デル・バンコの一族に敬意を示そうではないですか。あとほんの一年で、二〇世紀も終わります。今日、この日こそは、世界の金のこれからの未来を語る日なのです。デル・バンコ一族は、私もその末裔《まつえい》の一人ですが、ここに金の独占に成功しました。そろそろ私たちは、中央政府に「金を安く買って、高く売るように政策を改めよ」と進言します。しかし、みなさん、中央政府は安く買おうにも、その金がないことにやがて気がつきます。どうしてか。デル・バンコ一族が、金の独占化をほぼ達成したからです。今日はその祝福すべき日なのです。祝杯を上げましょう。乾杯！　おめでとう。――

それでは、一九八〇年代から世紀末にかけての国家、および国家の代理たる中央銀行の金の放出について列記してみよう。リップスの『ゴールド・ウォーズ』から引用する。カナダの金について書かれている。

一九九九年五月一一日、『トロント・グローブ・アンド・メール』紙は、「金はもはや輝かない」と題した社説を掲載した。そこでは中央銀行による金の売却が「待ちに待った賢明な政策」として歓迎されており、カナダが一九八〇年代初頭から一五年以上にわたり大量の金準備を売却していたことが述べられていた。これに対してアンタル・フェケテ教授は「その通り！　カナダ・ドルの実績が貴説を証明している！」と皮肉な題名をつけた投書でもって、同紙の矛盾を指摘している。

「カナダが金を売却し続けた一五年間で、カナダ・ドルはアメリカ・ドルに対して三分の一も下落しています。ところがそのアメリカ・ドルにしてからが、同じ一五年間で購買力の九〇%を失っていますが、これは貴紙社説が『ゴールドとの絶縁』と婉曲的に呼ぶところの、一九七一年の金＝アメリカ・ドル兌換停止の直接的な結果であります」

ニクソンによるアメリカ・ドルの金との兌換禁止と歩調をあわせて、カナダの中央銀行が金を放出してきたことが、この文章から理解できる。

次に高橋靖夫と奥山忠信の『金の魅力、金の魔力』から引用する。ベルギーとオランダの金売却について書かれている。

ベルギーは一九八九年三月に一二七トンを、一九九二年六月に二〇二トンを、一九九五年四月に一七五トンを、さらに一九九六年三月に二〇三トンを売却した。このときベルギー中央銀行総裁は、これ以上の金の売却は行なわないとコメントした。にもかかわらず、一九九八年三月に二九九トンの売却を行なった。

オランダは一九九三年一月に四〇〇トンを、一九九九年一月に三〇〇トンを売却した。一九九九年一二月に三〇〇トンの売却計画を発表した。

ベルギーとオランダは第二次大戦以前に、フランス、スイスとならんで「金ブロック」の構成国であった。金へのこだわりの強い国家であった。その両国の大量の金売却は、金市場に地割れのような恐怖心を与えたのである。その売り方はあたかも、大切に先祖代々保管してきた財宝を叩き売るような売り方だったので、心理的なインパクトは計り知れない「金価格下落への不安」を金市場参加者に与えた。

高橋靖夫と奥山忠信は、何よりも市場が恐れたのは、世界の中央銀行などの公的金保有は約三万五〇〇〇トンあり（この数字は同書による）、これらのすでに掘り出された「地上在庫からの仮供給が、その年に掘られた新産金に加えて、ドミノ倒しのように湧き出てくることであった」と書いている。私が今まで書いてきたことと大きく異なるが、ここに記しておく。

この『金の魅力、金の魔力』には、主要産金国オーストラリアの記述があるので引用をつづける。

ベルギーやオランダの中央銀行の金売却は、市場に「中央銀行の仮供給」の恐怖を与えた。構造的供給過剰のドミノ現象への不安である。

はたせるかな、一九九七年七月に主要産金国オーストラリアは一六七トンの政府保有金を売却した。これは公的保有金の三分の二に相当する量だ。オーストラリアに続いて一九九八年八月には同じく産金国カナダも公的保有金の売却を発表した。「産金国は必要なときに、自国産の金を公的保有金に振り向けられる。だからドルにして運用する」として、月々分割して売却し始めたのである。

カナダ、ベルギー、オランダ、オーストラリアの各政府または中央銀行による公的保有金の市場への売却を見てきた。私はこれを〈金の戦争〉ゆえであるとの一本の筋を立てて書いてきた。各国の銀行が〈金の戦争〉に参加し、ついに、ヘッジファンド形成とデリバティブへの参入により、経営が悪化したがゆえに、中央銀行に泣きついて、金の放出をしてもらったがゆえと書いてきた。

中央銀行が金の貸出で得る利子収入は、年間五億ドルから一〇億ドルとリップスは推定する。私はもっと多いと思う。借り入れた金を、貸した中央銀行に返した例を探したが、私は一例も発見できなかった。ということは、内々に売ってしまった金の支払い分として、利子＋ローンを組んで中央銀行に支払っているのであろうか。これもはっきりしない。中央銀行は自ら金を貸し出したり、安値で売却したために数百億ドル単位で損失を出していることは間違いない。

私はこの損失の連続に、〈金の戦争〉を見てきたのだ。

　中央銀行が、そして多くの銀行や証券会社（アメリカだけでなく世界中の）が巨大な損失を出したということは、一方で、巨大な利益を上げた組織が存在していることの証となる。その存在を私は国際通貨マフィア、デル・バンコ一族、またしての名を「ザ・グループ」と命名した。ロンドンに巣食うザ・グループはイングランド銀行をも襲い、金塊を奪うのである。彼らにとって祖国とはイギリスではなく、多くの金塊が集結していると思われるスイスの山中であろう。その証拠に、イヴリン・ロスチャイルドが一九八二年三月一日に国籍をスイスに移したことを挙げられよう。

　私はイヴリン・ロスチャイルドがザ・グループの中核の一人であろうと思っている。ロンドン・ロスチャイルド銀行会長として、毎朝、全世界の金価格を最終的に決定するのが彼である。チューリッヒのロスチャイルド銀行の会長でもある。

　リップスはイヴリン・ロスチャイルドのエージェントとして、彼の依頼を受けて、〈金の戦争〉の終結を全世界の人々に知らせるべく、『ゴールド・ウォーズ』を書いたにちがいないのである。


　イングランド銀行について書くことにしよう。

　一九九三年のベアリング商会の倒産劇については書いた。このとき、ベアリング商会を最終的に救ったのはイングランド銀行の保有金とフランスの国立銀行から借り入れた金であると私は書いた。ロスチャイルド銀行は、手を差しのべなかったのである。最終的には、ベアリング商会は一九九五年にオランダのＩＮＣバンクに買収された。

一九九九年五月七日、「イングランド銀行が公的保有金七一五トンのうち四一五トンを売却する」とイギリス財務省は突然、発表した。この日の発表だけで金価格は一〇ドル近くも下落した。イギリス国民はこの決定に対して激しく憤《いきどお》った。

この発表に先立つ数週間というもの、金価格はじわじわと上昇していた。しかし、その金価格は二九〇ドルであった。またＩＭＦは発展途上国救済という名目で金の売却計画を発表していた。実際の第一回の入札が始まる七月六日までに金価格は約三〇ドルも急落した。そして八月二五日、二五二・五ドルの歴史的安値をつけた。それだけではなかった。イングランド銀行の金売却が発表されると、金鉱株は軒なみ下落し、金鉱山会社はどこも破綻しかねない非常事態におちいった。世界中からの金鉱山会社からブレア政権に対する非難の声が上がった。六月三日、国民の反対の声を鎮《しず》めるべく、イギリス財務省は声明を出した。

「イギリス政府が純外貨準備高に占める金の割合を低下させることが経済的に安全と判断したのも、そのような背景

イングランド銀行本店

があってのことです。この改革の目的は通貨の保有量を増やすことでイングランド銀行のポートフォリオを、より均整のとれたものとすることにあるのです」

私は金デリバティブに加わっていたイギリスの大手銀行ないし証券会社のピンチを救うべく、金価格を強引に下げる決意をイングランド銀行がしたものとみている。

イギリスの何という銀行が危機におちいっていたのかの詳細は分からない。しかし、確実に分かることがある。それは、ベアリング商会が消えた後、二〇〇〇年の初めにシュローダー銀行がシティコープに買収され、その数カ月後にロバート・フレミング銀行がチェース・マンハッタンに売却された、ということである。

一九九九年五月ごろ、シュローダー銀行とロバート・フレミング銀行が金デリバティブで苦境におちいったのではなかったか、と思われるのである。投資家たちから金デリバティブの解約、金地金の提供を求められ、イングランド銀行に救済を求めたのではなかったか。ＪＰモルガンというメガバンクが倒産寸前にチェース・マンハッタンと合併したように、イギリスの名門中の名門のシュローダー銀行がロスチャイルド系のシティコープに買収されたのである。イギリスに残った伝統的な商業銀行はついにＮＭロスチャイルド一行だけとなった。

アメリカもドイツもすべての金を失った

さて、ドイツ連銀（中央銀行）はどれだけの金を保有しているのであろうか。リップスの

『ゴールド・ウォーズ』に詳しく書かれているので、他の資料とあわせて記すことにする。

公式統計で見ると三四四六トン。アメリカにつぐ二位。ヨーロッパ中央銀行の設立にあたって、ドイツは設立条項に従って二三二トンの金を拠出している。前にも記したが公式統計であるから、ほとんど信用できない。信用できない理由を記すことにする。

一応、ドイツの金はアメリカに預けられていることになっている。大戦で敗北したドイツの悲劇がみえる。同じ戦敗国の日本は、アメリカから「金を持つな」と命じられ、ほとんど持っていない。

ドイツ連銀はニューヨーク州ウェストポイントにある合衆国造幣局に一七〇〇トンの金を預けている。この金は二〇〇〇年九月に「金地金準備」から「保管金」に変更されている。アメリカの金専門家ジェイムス・タルクはこの「保管金」をドイツのものであるとする。では、どうしてこの時期に「保管金」としたのか。アメリカは見せかけの金をつくり、金操作したのではないのか。ドイツ連銀の残りの約一七〇〇トンはどうなったのか。以下、ジェイムス・タルクの調査結果である。

残りの一七〇〇トンはアメリカの為替安定化基金と交換、そしてその安定化基金はアメリカに預けられた金をブリオンバンクに貸し出した。ブリオンバンクはさらにその金を売却した。さらにアメリカ財務省はドイツ連銀に対し、ニューヨーク州ウェストポイントに預けられた一七〇〇トンの金の保証をした。つまり、ドイツ連銀の三四〇〇トンの金はアメリカに掠《かす》め取られ、フランクフルトにある連銀の金庫は空っぽである。

では、ここで推理してみよう。

——アメリカのウォール街で金ヘッジファンドにより各種のデリバティブをやっていたが、銀行、証券会社はついに〈金の戦争〉に敗れかけた。彼らは空売りを繰り返し、投機家たちからリアルな金の要求をされだした。しかし、借り入れた金はすでに売りつくしていた。そこで一九八五年、カナダのバリック社を誘いこみ、ブリオンバンクに仕立て上げた。

金キャリートレードを利用したヘッジファンドは当初は大成功だった。しかし、国際通貨マフィアたちは、この〝カラクリ〟を知ると反撃に出た。彼らは不定期に大量のドルを投入し、一時的に金価格をつり上げて、バリック社の発明したヘッジを打ち破った。

こうして、値上がりと値下がりを繰り返しているうちに、ついに一九九九年、ウォール街の金デリバティブ体制が崩壊するときがきた。このウォール街の金デリバティブでイギリスのシュローダー銀行もロバート・フレミング銀行も倒産の危機が訪れた。イングランド銀行は金を放出し、金価格を強引に下げようとした。そして、このハードランディングによって両銀行の倒産は回避された。二〇〇〇年九月に「金地金準備」のドイツ連銀の金が「保管金」になっていることは、すでにアメリカ財務省が、このドイツ連銀の金にさえ手をつけて、金デリバティブで倒産しかけたウォール街を救出するために使ったにちがいない。そして表記変更の二〇〇〇年九月に注目したい。この金の使用で、〈金の戦争〉の結末がつけられたのであろうと思っている。ヤクザの手打ちである。金デリバティブのもたらす危機の最終的回避である。

残りの一七〇〇トンの金が最終的にブリオンバンクに渡り、ブリオンバンクはこれを金デリバティブの市場で売却し、空売りをつづけた尻ぬぐいをした、と私はみる。——

アメリカの財務省にほとんど金はない、という私の説の根拠の一つがここにある。金デリバティブで苦境におちいったウォール街を助けるべく金を放出しつづけて、アメリカはすべての金を失った。それでドイツ連銀の三四〇〇トンの金にまで手を出した。この金まで使い切ったのである。

その結果はどうか。一九九九年から二〇〇〇年にかけて底値をつづけた金価格は、二〇〇一年から、ゆっくりと上昇気流に乗るのである。どうしてか。アメリカがドイツ連銀の金塊約三四〇〇トンを売却することにより、ウォール街の金デリバティブの危機が去ったのである。それはまた、ドイツ銀行やドイツ三大銀行の一つ、コメルツ銀行の救済策でもあった。

かくて秘密裡に〈金の戦争〉が終わった。だからほとんどの人々は、この〈金の戦争〉があったことすら知らないのである。

もう一つ疑問が残る。

どうしてドイツ連銀は貴重な金をアメリカの金庫に預けたままだったのか、である。イギリスのフィナンシャル・タイムズ紙のボン特派員を五年間務めたというデビット・マシューの記事を、リップスは『ゴールド・ウォーズ』で引用している。

一九六〇年代半ば以降、金地金がドイツに移されることは一切なかった。冷戦期のドイツ連銀は、要塞化した東西ドイツ国境からソビエト製の戦車なら数時間で到着するフランクフルトよりも、海外で保管するほうが安全であると考えていたのだ。しかし、ドイツ統一が成されると、ドイツ連銀は、準備金の少なくとも一部をフランクフルトに戻すのに良い機会であると判断したに違いない。ところが外交上の利害から、金地金のほとんどは、結局手を触れずにおかれることになったようである。

ド・ゴール将軍はフランスの金を奪回すると宣言し、軍艦をアメリカに送りこみ、フランスの金を本国に持ち帰った。そして、ケネディとジョンソンに、フランスが獲得したドルを金に強引に交換させた。

同じ頃、ドイツは一九六〇年代から七〇年代にかけて、対アメリカ貿易で巨額の黒字を出した。そのドルで一オンス三五ドルの時に金準備を積み上げた。前記のマシューの記事が真実であるかどうかは別にして、ドイツは、アメリカにそのまま預けた。そしてアメリカからその金を奪われた。否、これも真実ではない。アメリカもドイツも金を失った、というほうが正しい。

誰が、アメリカとドイツの金を奪ったのかについて私は書いてきた。この奪い合いを私は〈金の戦争〉と名付けた。〈金の戦争〉も一九九九年から二〇〇二年ごろにかけて最終局面を迎え、二〇〇三年~二〇〇四年にかけて終わりとなる。その過程を書くことにしよう。

ドイツ連銀の問題は後章でもう一度触れることにする。

第八章◉
〈金の戦争〉はかくて最終局面を迎えた

「マネーマシン」LTCMはどうして倒産したのか

ロングターム・キャピタル・マネジメント（LTCM）という会社があった。自己資金は三五億ドルしかなかったが、一〇〇〇億ドルを大手銀行やゴールドマン・サックス、メリルリンチのような投資銀行から調達していた。前FRB副議長デビット・マリンズ、さらにはロバート・マートン、マイロン・ショールズというノーベル経済学者二名をリスク管理担当の重役として迎え入れていた。LTCMは「世界中で一番優れたマネーマシンを作りあげた」と自他ともに認めていた。

LTCMは国債を売ることで、保有するハイリスク債券を基本的にヘッジしていた。しかし、新ハイリスク債券に要求されるプレミアムが上昇し、どの市場でもLTCMは損失を被った。新しい市場をさがしていたLTCMは、ゴールドマン・サックスを主幹事に据えて、一九九七年六月、ロシア政府発行の一二億五〇〇〇万ドルの五年物ユーロ債を、一二％というロシアにとっては控えめな利率で発行した。

LTCMが一九九七年に稼いだ利益は九億五〇〇〇万ドルであり、一九九六年の一六億四〇〇〇万ドルより三分の一少ないだけだが、ベースとなる資本額は大きくなっていた。

ニコラス・ダンバーの『LTCM伝説』から引用する。

利益率は稼いだ利益を資本で割ったものとして計算されるので、一九九七年の利益は一九九五年や一九九六年とは異なり今までより明らかに見劣りするものとなった。投資家は一七％しかネット・リターンを受け取れない。米国債の六％と比べれば悪くはないのだが、同様レベルのリスクと考えられるS&P五〇〇の三一％のリターン（これは配当前のリターンなのだが）と比べるとひどいものだ。

ウォール街の商売とは、いかに投資家に高配当を提供するかの例として引用した。LTCMは投資家に高配当を与えるべくロシア国債に手を出した。結論のみを書く。一九九八年、ロシアは国家破産し、LTCMも破産するのである。

しかし、ロシアの破産も作為的なものがありそうだ。もう一度、『LTCM伝説』から引用する。

一年以上前の一九九七年四月、LTCMのグレッグ・ホーキンスはMITの世界経済研究会議でロシア問題の議長役をつとめていた。講師はマキシム・ボイコ、エリツィン大統領に助言を行っていた若手改革派のひとりである。聴衆はいつものとおり、FRB議長、ヨーロッパの外相や著名なエコノミストらが列席していた。

ロシアの若手改革派はアメリカでロシア国債を売る先兵役を果たした。そして大量のロシア国債がアメリカを中心に世界中で売り出された。まもなくデフォルトがやってきた。LTCMの負債は九月二八日の銀行団による三六億二五〇〇万ドルの救済資金で一時的にソフトランディングの体制に入った。主役はアラン・グリーンスパンFRB議長であった。

この年の一〇月、グリーンスパンは上院銀行委員会の各委員を前にして、FRBの対応を擁護する証言をした。

金融市場に関わる人々は、昨今の世界各地の出来事ですっかり浮き足立っている。LTCMの破綻が市場の機能を停止させたとすれば、LTCMと直接取引のない人も含め、多くの市場関係者に多大な損失を与え、米国を始めとする多くの国々の経済にも被害を与える可能性がある。

LTCMの窮状は、一八カ月前なら、金融市場にも、連邦監督機関にも、波紋を呼ぶようなことはほとんどなかったが、現在の状況では看過することはできない。

グリーンスパンの証言は偽りである。LTCMの倒産は予測できたのである。ロバート・フリードマンの『レッド・マフィア』から引用する。中央銀行とあるのはロシア中央銀行である。

中央銀行の幹部とその縁故関係にある投資家たちは、一九九八年の金融破綻でルーブルの価値が下がりそうだと見るや、この機会に乗じさらに多くの資金を手に入れた。告発のさなか、中央銀行総裁のセルゲイ・ドゥビニンは辞職した。容疑の件はすべて否定したが、莫大な隠匿金をキプロスの銀行口座に預けたという個人的な疑惑に関して、彼は調査活動を阻止しようとした。一九九八年九月、元ロシア第一副首相のアナトーリ・チュバイスは、低迷しているロシア経済の実情について偽りを述べ、国際通貨基金から二〇〇億ドル以上を騙し取ったことを経済紙『コメンサント・デーリー』のなかで認めている。

二〇〇億ドル以上の国際通貨基金（ＩＭＦ）の金《きん》がロシアに騙し取られたことに驚いてはいけない。当時のアメリカ国務省の政策顧問であるレイバーン・ヘスの証言が残っている。「したがって、限界を知らない国際金融システムが現われたわけです。このシステムは四六時中動いています。だがわが国の法律では、国境という限界が存在するのです」

法執行機関が割り出した見積もりによれば、一九九九年までに毎年五〇〇〇億ドルから一兆五〇〇〇億ドル（全世界の国民総生産の五％）の不正資金が洗浄《ロンダリング》されている計算になるという。『ロシア・マフィアが世界を支配するとき』という本がある。その中で著者寺谷弘壬《てらたにひろみ》は、ロシア・マフィアがＩＭＦの金やロシア国債を売って得た大金を、ロシア政府の役人たちがいかにマネーロンダリングしていたかを克明に描いている。その中の一文を引用する。

ロシアに貸し出されたＩＭＦ資金二〇〇億ドルのうち、最低一五億ドルはニューヨーク銀行でマネーロンダリングされた。ソ連邦が崩壊してから一〇年間でＩＭＦが約二〇〇億ドル、日本が三一億ドルをロシアに貸し与えているが、ロシア公共援助金が見事に横領されたのである。

グリーンスパンＦＲＢ議長は、世界的な規模のマネーロンダリング組織が存在することを知っていたにちがいない。その金額は、五〇〇〇億ドルから、全世界の国民総生産の五％に匹敵する一兆五〇〇〇億ドルであるという。

このマネーロンダリング組織がどうして世界中で活躍できるかを考えるとき、私にはこの組織と国際通貨マフィアが結託しているのではと思えてくる。麻薬や武器の密貿易の決済には多くの場合、金が使用されるからだ。

もう一度、『ロシア・マフィアが世界を支配するとき』から引用する。

マネーロンダリングとは、売春、麻薬、武器の売買や不正な取引や脱税で得たカネを、まともなカネにするために第三者を通じて操作することである。金額が小さい場合には、スーツケースで現ナマを運び、銀行の口座から口座へ移す。この際、顧客の守秘義務のやかましいスイス銀行とか、出し入れに厳しいチェックと書類を必要としないタックス・ヘブンの銀行が使われる。対外債務をディスカウントされた価格で買い取る債務スワップ方式も便利である。さらにもっと高額になると、電子送金も可能である。

ロシア・マフィアがマネーロンダリングした金額は、一九九八年の初めから九九年半ばまでで一〇〇億ドルにもなるという。一般に、海外に流れているロシア海外資金は累積二五〇〇億から五〇〇〇億ドルと言われている。毎年二〇〇億から二五〇億ドルぐらいが流失している計算になる。そのうち一〇〇〇億から三〇〇〇億ドルがアメリカでマネーロンダリングされており、その一部がニューヨーク銀行で発覚したのである。

私はどうしてLTCMの倒産劇を書いたのか。実は、この倒産を金操作であると告発したGATAという組織の存在をリップスの『ゴールド・ウォーズ』の中に発見したからである。しかし、私はLTCM関係の本を読み、どこで金操作がどのように行なわれたかを調べたが解明できなかった。それにもかかわらず、私はこのLTCM倒産劇の謎を執拗に追ってみた。

そして、私は一つの結論に達した。〈金の戦争〉は、マネーロンダリングそのものの世界ではないのか、と。売春、麻薬、武器の密輸とマネーロンダリングが結びついている。それ以上に金は、マネーロンダリングに結びついていると確信した。

IMFの融資も日本の融資も、大量に買って価値がなくなったロシア国債も消えてしまった。だが、大量のドルや円がロシア国内に一度は入ったのである。それがマネーロンダリングを通して、金操作用のドルまたはロシア産の金塊として一部はロシア・マフィアの手に流れ、「限界を知らない国際金融システム」の手の内にほとんど入ったのではないのか、と私は考えるのである。

金操作を追究しつづけた男の物語を書くことにしよう。より詳しく、だ。〈金の戦争〉を仕掛け、この戦争に勝利した連中の素顔を知りたいものである。

金の価格操作の不正に挑んだ男たち

金の価格についてはさまざまな視点から書いてきた。ここでは、この金の価格操作の不正に反対し委員会をつくった人々の活動ぶりを書くことにする。彼らが金の価格操作の調査に乗り出し、〈金の戦争〉の汚れた側面が見えてきたのである。例によって、リップスとジムの対談の場面から始める。ジムはブリオンバンクの不正を問うている。

ジム　あなたは著書の中で、金価格を抑え込むという私利追求において最大の役割を担ったのは、必ずしも中央銀行ではなく、むしろ、ＪＰモルガン、シティコープのようなブリオンバンクであったのはなぜかを説明し、金価格の抑え込みは誰よりもブリオンバンクの仕業だと主張しています。彼らはそれをどのように実行したのでしょうか。

リップス　ほとんど毎日のように、これを証明するというすばらしい仕事をＧＡＴＡが過去四、五年行なってきた。来る日も来る日も、ＧＡＴＡは金市場の取引パターンを分析し、金価格が執拗に操作されている様子を描き出しました。

彼らの発見に対抗できるものはこれまでない。一九九〇年代の半ば頃まで、私はそのような操作が存在するとは思っていなかった。しかし、研究を続ければ続けるほど、金価格の大規模な抑え込みが何年も行なわれているという私の確信は強まった。力を合わせて金の価格を抑え込もうという動機は「金《ゴールド》キャリートレード」を行なうプレーヤーの間で最も強かった。彼らは一％のリース利料で金を借り、それをもとに他の分野で投資するということで巨富を築いた。

ＪＰモルガンやシティコープなどのブリオンバンクは、中央銀行から金を借りて、これを返さずに売り払った。そのために金利を支払わざるを得ず、また一部をローンの型で払わざるを得なかった。そのため安値に金価格を導こうと、金価格操作を繰り返してきた。これは事実である。

しかし、私は幾度も書いてきた。こうした金価格操作をしつづけるように仕掛けた者たちがいたと。それが国際通貨マフィアであり、彼らを私はロンドンやチューリッヒに住む金の現物取引をする連中だとした。彼らがＣＯＭＥＸを陰で操っていることも書いた。それは、ニューヨーク市場の終値がほとんど常に、ロンドンやチューリッヒの終値を下回っている中に発見できると、私は書いた。彼ら国際通貨マフィアが本当の意味での金価格操作の張本人であるとも書いた。

リップスは嘘を半分ついている。金価格操作の真の主犯は、金価格を下げようとするＪＰモルガンやチェース・マンハッタンやシティコープが、金価格上昇の手を打って利益が上がらぬよう、損失がたえず出るようにしていたのである。そのために、COMEXの終値はいつもロンドンとチューリッヒの現物市場の終値より常に少しだけ下回っていたのである。

ジムは次に金陰謀論についてリッップスに迫っている。再掲しよう。

ジム あなたは著書の中で「金陰謀論」について書いています。その背後にいるのは誰で、利益を得たのは誰ですか。

リップス 銀行は金を好まないし、中央銀行や政府にも同様なところがいくつかある。陰謀があったとは考えられない。というのは、連中の大半はそれをやり遂げられるほど利口ではないと思うからである。お金儲けは金融機関の利益に適《かな》うことであるし、金は現在の通貨制度にそぐわない。ある意味では、金は、世の中のどこがおかしいかを教えてくれるバロメーターである。不換紙幣の擁護者が金を駆逐したがる理由はそこにある。メディアもまた、金の役割は終わったと大衆に思い込ませる仕事を見事にやってのけた。

ジムは「その背後にいるのは誰で、利益を得たのは誰ですか」と核心に迫る質問をしている。しかし、リップスは答えない。否、正直に書くなら、彼は答えられない。

リップスはこの世の〈金の戦争〉は終わったと報告する役を、彼のボス、スイスのチューリッヒに住むロスチャイルドから命じられた。その役をこなすために、彼は本を書き、インタヴューにも応じ、日本にまで来て講演した。彼に命じたロスチャイルドとそのグループが「利益を得たのは誰ですか」の問いへの回答となる人物たちである。しかし、リップスは答を全部はぐらかす。この彼の答の中に、国際通貨マフィアの面々の姿が見えてくるではないか。

金を独占することが、いかに大きな意味があるかを書いてみたい。金鉱山会社の時価総額をすべて合計してもゼネラル・エレクトリックス（GE）やマイクロソフトのような会社の時価総額をはるかに下回る。金鉱山会社全体の時価総額は約六〇〇億ドル。金（民間保有と公的保有の合計）の市場価値は約一兆六〇〇〇億ドル。民間が保有している現金と金融資産は世界全体で一五〇兆ドルを上回る。

単純に考えると、金がこの世で占める価値は非常に低い。しかし、逆に、ドルやユーロや円で計算されている現金と金融資産の合計一五〇兆ドルは、いつかこの世から消える運命にあるのではなかろうか。どうしてか。株式市場の崩壊やドルの大暴落により、現金と金融資産はいつ消えても不思議ではないのである。ある日、ある時、今は一〇〇分の一の金融価値しかない金が一〇〇倍の価値となり、市場の支配権を握る時が来る可能性もあるのだ。

その時、ジムの「その背後にいるのは誰で、利益を得たのは誰ですか」の意味を私たちは知るようになる。その時はもう遅いのだが。

ではここで、GATAのことについて書くことにしよう。GATAは陰謀論の中の主役たちまで追究したのであろうか。

元商品トレーダーであり、業界の〝カラクリ〟を知り尽くしているビル・マーフィーが会長となり、コネチカット州の新聞編集者のクリス・パウエルがマーフィーを助ける役を演じた。

彼ら二人は、ゴールドマン・サックス、JPモルガン、ドイツ銀行、金鉱山会社のバリックゴールド、フィールス・サービスなどを、インターネット上で「金価格操作の疑いあり」として非難していた。

彼ら二人は、金の価格操作に反対する委員会GATAを一九九九年に設立した。二〇〇〇年五月一〇日、首都ワシントンでの連邦下院議長と政府高官を迎えた委員会で、GATA会長のマーフィーは一通の報告書を出席者全員に渡した。

その報告書でマーフィーは、金デリバティブが金融危機を引き起こしかねない金市場の深刻さと、その危機が世界の金融市場に与える影響について報告した。

彼ら委員会はウォール街のみならず、FRBについても金デリバティブに関与していると告発した。特に、ニューヨーク連邦準備銀行の緊急要請によるLTCMの救済は、金の価格を操作しようとする言語道断の試みであると彼らは力説した。

私はLTCMと金の価格操作について調査し、この関係をすでに書いた。直接のLTCM救済と金の価格操作は発見できなかった。このLTCM救済に関し、グリーンスパンFRB議長の証言も紹介した。

彼ら委員会は、グリーンスパンが金価格を固定しようとする試みに加担しているとも言った。では、GATAの主張をリップスの『ゴールド・ウォーズ』から引用する。

ブリオンバンクや一部のエリート金融機関による共謀工作を通じて実施された「恐怖政治」が、金市場を現在の混乱に陥れたのである。ヘッジはリスク管理において合法で、かつ必要な行為ではあるが、産業そのものを破壊するという代償は、あまりに高すぎる。金の貸し出しが、昨一九九八年夏のロシアの債務不履行と、その後の資本市場の崩壊によって失敗に終わった金キャリートレードの後継者として発展したことは確実だと、われわれは考えている。キャリートレードがブリオンバンクやヘッジファンド業界に巨額の利益をもたらすなか、今日では金融業界の救済よりも金キャリートレードが重要になっているのである。これは、最近の馴れ合いのゴールドローンや金価格を操作しようとするウォール街の熾烈な攻撃を説明するものである。彼らはアメリカ市場の本当の姿と特に金貸出市場におけるデリバティブの混乱を死に物狂いで覆い隠そうとしているのである。かつてはある程度合法的であった金の貸し出しは、今や金融業界を食い物にし、アメリカの法を犯し、そして過度の借入を行ったギャンブラー集団を救済するための手段となっている。

私が今までに書いてきた通りである。だが、GATAが私と異なる一点がある。「その過度の借入を行ったギャンブラー集団を救済するための手段となっている」の説明をGATAがしていないのである。どうしてギャンブラー集団は、救済をしてもらわなければならないほどに損失を重ねたのか、の一点である。GATAは知らないのか。知っていても発表できないのか。

二〇〇〇年の夏、GATAは金市場に関する報告書をアメリカ連邦議会に提出した。GATAの報告書には次のように書かれていた。

今や金需要は、新産金およびスクラップ金の供給を年間一五〇〇トン以上も上回っている。ところが、他の商品価格が上昇しているというのに、金価格は着実に下落している。通貨管理局によると、アメリカの銀行の簿外デリバティブの名目価値は八七〇億ドルを上回っているということである。これはおよそ八一四〇トンと言われるアメリカの公的金準備よりも大きい。

金デリバティブの取引量は一九九九年第三・四半期の六三四億ドルから、ワシントン合意が発表された第四・四半期には八七六億ドルまで急増した。

モルガン・ギャランティー・トラストの金の簿外デリバティブ取引の名目元本は、一九九九年の六カ月間で一八三億六〇〇〇万ドルから三八一億ドルまで増大した。

GATAの報告書は、一九九九年に金デリバティブ取引が急増したことを示している。GATA委員会が「およそ八一四〇トンと言われるアメリカの公的金準備」というのはIMFが世界に向けて発表した数字である。

アメリカに預託されたドイツの金をアメリカが全部使い果たした、と私は書いた。ドイツの金にまで手をつけなければならないアメリカに一ドルたりとも金はない、と私は言いたい。自国の金を保存したままドイツの金を使い尽くすほどまで、アメリカは道義的に落ちぶれていない、と私は思うからである。一ドルたりともはオーバーである。もし、あっても一〇〇〇トンを切る量の金であろうと書いておく。

私はこのGATAの報告書を読みつつ思った。ドイツの金も、IMFの金もイギリスの金も、この一九九九年に大量に放出されたのだが、それは、金価格を下げなければ、金デリバティブで破産するギャンブラー集団が続出しかねなかった、ということだ。

裏を返せば、ロンドンとチューリッヒの、マネーロンダリングされたダーティ・マネーがアメリカの金デリバティブ市場に大量に流れ、金価格を上昇に導いていたということになる。アメリカもドイツもイギリスも国家としてこの金の戦争に巻き込まれ、ついに敗北するのである。金価格を下げようとし、中央銀行は最後の金まで放出せざるを得なかったのだ。

GATAの報告書の続きを読んでみよう。

いったい誰が、金価格を抑制したいと思うのだろうか。

金価格を抑制することで、ニューヨークのブリオンバンクにとって金が安価な資金源となることが、挙げられる。ブリオンバンクは各国の中央銀行から元本の一％足らずの利子で金を借り入れ、売却し、それによって調達した資金をより高い利回りをもたらす金融商品に投資するのである。金価格が低く保たれているかぎり、金キャリートレードは多額の利益をもたらすものである。だが、貧しい産金国をはじめ、多数の者を犠牲にして、少数の特権階級だけが利益を享受する仕組みだということは、忘れてはならないだろう。ところで、もし金価格が上昇するのを許せば、ゴールドローンの実効金利は非常に高くなる。

GATAはこの報告書の中で「もし金価格が上昇するのを許せば、ゴールドローンの実効金利は非常に高くなる」と書いている。

ここに、〈金の戦争〉の秘密があったことを私はたびたび書いてきたのである。GATAのいわんとするところを見てみよう。

金価格を抑制することは、国際的な準備資産としてのドルは強いという誤った印象と、アメリカのインフレについて誤った解釈とを、与えることになる。

あまりに大量の金があまりにも廉価で消費されるいっぽうで、巨額のデリバティブが金価格を抑制するために用いられている。もしこの状況がすぐに是正されなければ、金デリバティブによる信用危機と国際的な大銀行とドルの世界的地位を脅かす大規模な債務不履行危機が発生するであろう。

GATAの報告書を読んで私は思った。これはアメリカのギャンブラー集団だけの問題ではないと。金価格を低く抑えなければ損が出るように巧妙に仕掛けた犯人たちがいるのに、その犯人たちを追究していないと。

しかし、GATAは知りつくしていても、この事実は書けない。どうしてか。

ここにおいて私は正直に書こうと思う。巨大なマネーロンダリングをして巨額の利益を上げている「限界を知らない国際金融システム」を実質的に支配する者たちが、この世界の真の支配者であろうと思うのである。その世界の真の支配者が、ロンドンとチューリッヒにいるのだ。そして彼らの手の中に、中央銀行の金のほとんどが入ってしまったのだ。GATAの報告書はそれとなく、この事実を婉曲的に伝えてくれるのである。

だが、この報告書に、アメリカ政府もFRBもウォール街も何ら反応を示さなかった。

「ワシントン合意」が〈金の戦争〉の終わりを告げた

一九九九年九月二六日、ワシントンで、ヨーロッパの一五の中央銀行が「金に関するワシントン合意」を発表した。

一五の中央銀行とは、フランス、ドイツ、イタリア、オランダ、ベルギー、ルクセンブルクなど、当時一一カ国のユーロ加盟国、それにイギリス、スイス、スウェーデン、そして欧州中央銀行である。この一五の中央銀行のうちにアメリカが入っていないのが不思議である。これは、たぶん、アメリカ政府、FRB、アメリカ財務省に突きつけたヨーロッパの各中央銀行の抗議書であったがゆえと思われる。

内容は次のようなものであった。

一、参加一五中央銀行は参加国の金売却について、今後の売却量を合計で年間四〇〇トンまでとし、参加中央銀行は五年間で総売却量は二〇〇〇トンを上限とする。
一、参加一五中央銀行は、参加中央銀行が従来行なってきたリース市場（金の貸出市場）への貸出量を、今後は増加させずに、現状の水準を上限とする。

ＩＭＦの統計によると、一九九九年末時点で、この一五中央銀行の所有する金は一万五九四一トン。しかし、実際は限りなくゼロに近い。スイスが加わっているからその分は多いであろう。しかし、この時点でスイス国立銀行は所有する金を一トンも市場で売っていない。にもかかわらず、スイスがこの会議で合意書に署名したことは深い意味を持つ。スイスは二〇〇〇年に入り、憲法を改正してまで金を放出するのである。

私の推理ではあるが、スイスをこの合意に加えることにより、総売却量を二〇〇〇トン（四〇〇トン×五カ年）とし、二〇〇四年までに〈金の戦争〉を終わらせたいという希望を一五の中央銀行が持っていたことになる。後に書くが、二〇〇四年以降、金価格は一貫して上昇気流に乗るのである。

では、この合意は役に立ったのか。何の役に？　〈金の戦争〉の終結のためにだ。それは大いに役に立った。どうしてか？　貸し出した金ゆえに、中央銀行の金庫にほとんど金がなくなったことを、ヨーロッパの中央銀行がアメリカのワシントンで公表したのである。ヨーロッパの人々もこの合意の意味について、うすうす知ったのである。中央銀行が金の貸出市場で金を貸し出している事実をヨーロッパの人々は知ったのである。

どうしてアメリカが加わらなかったのか。私は幾度も書いた。この一九九九年九月の時点でアメリカは金を持っていなかったからである。〈金の戦争〉で敗北に次ぐ敗北を強いられていた金デリバティブの戦士たちは、この〈金の戦争〉を終わらせる鐘の音がワシントンから鳴り響くのを、ウォール街で聞いたのである。各国の中央銀行は底をつきかけた金の保有を金デリバティブの戦士たちに伝えたのである。

各中央銀行には金の貸出の事実を発表するしか他に方法がなくなった。アメリカ政府も金融当局も、このヨーロッパの各中央銀行の合意事項を黙認するしかなかった。金を持たぬドルの王者にどれほどの力があろうか。

しかし、この合意が成った後も、ウォール街のブリオンバンクや投機家たちは、大きな需給ギャップにもかかわらず金を売り叩きつづけたのである。〈金の戦争〉に終わりが見えたからである。〈金の戦争〉のためには金が必要である。その金は各中央銀行の金であった。COMEXに溢れる金は、バーチャル・リアリティの金である。一日に八〇〇トンから一〇〇〇トンの金が売買されていた。そのバーチャルな金がいつの間にか、ヘッジされ、ヘッジファンドの中に組み入れられ、巨大金デリバティブが形成されていた。

各中央銀行は〈金の戦争〉の終わりを願って、五年間で二〇〇〇トン（一年間で四〇〇トン）の金を売却するとした。しかし、この合意条項には、ただし書きがついていた。一三〇〇トンを四年以内に売却するという、ただし書きである。実際にスイス以外の一四カ国で売却できる総量は七〇〇トンということであった。

各中央銀行はスイス国立銀行に働きかけ、このワシントン合意書に加わってもらったのであろうか。私はスイス国立銀行にこの「ワシントン合意」書に加わるよう要請したのは国際通貨マフィアであろうと思っている。どうしてか。中央銀行の最後に残った金を奪うために、スイス国立銀行を説得したと思っている。各中央銀行にほとんど金はない。いくらか所有するのはフランス中央銀行であろうか。この「ワシントン合意」は、〈金の戦争〉を終了すべく、ロンドンとスイスの国際通貨マフィアが仕組んだのだ。IMFにも入っていないスイス国立銀行を強引にワシントン合意に賛成させる力は、スイスの銀行群とBIS以外にはない。スイス国立銀行の役員はほとんどがスイスの銀行とBISの役員を兼ねているからである。

通常、ワシントン合意は、金価格引き上げのためになされたものとなっている。この合意を私は、〈金の戦争〉の終結のためとしたのだ。

しかし、金価格を引き上げようという目的もあった。それは当然である。〈金の戦争〉の最終勝利者が仕組んだ芝居であったからだ。

一九九九年五月七日、イングランド銀行は七〇〇トンの金準備のうち四一五トンを売却すると発表した。七月二〇日には二〇年来の安値である二五二・八〇ドルまで下落した。

ワシントン合意に加わったスイス国立銀行について書くことにする。

スイスは一九九二年にIMFに加盟している。ワシントン合意に加わった伏線がここにあった。スイスはどうして小国でありながら、金融大国であり得たのか。スイス・フランは唯一、金に裏付けされていたからだ。IMFに加盟する必要もなかった。

しかし、このIMF加盟にも私はチューリッヒの小鬼たちの影響力を見るのである。スイス政府はIMF加盟によって何を得たのであろうか。

私はイギリスと同じような運命を辿るようになったと思っている。ロンドン・シティの金融街に巣食うデル・バンコ一族はイギリスのために何をしたのか。彼らはその利益をオフショア、すなわち、税金のかからない場所に移し、ロンドン・シティを利用しつづけている。スイスも彼らの税金逃れの場所となっている。

小国スイスは国際的な投資をあつかう場になった。しかし、犠牲も大きかった。IMFの真相を私は幾度も書いてきた。その長である専務理事は例外なく国際通貨マフィアの中から選ばれてきたことを私は書いた。巨大な投資を貧しい国にし、負の部分をIMFの資金で償ってもらうというシステムにスイスが加わり、スイス国立銀行が持つ金が狙われたのは当然であった。

ベアリング商会が倒産寸前のとき、イングランド銀行がフランス中央銀行から金を借りて、この金を担保にし、ドルやマルクを調達したことはすでに書いた。金は貨幣としての地位を失っているといわれている。現実はそのような動きの中で世界の経済は動いている。ドルが世界の基軸通貨となっている。ドルを裏付けるものは武力であろう。アメリカは金をほとんど持っていない。

しかし、金は「最後の貸し手」である。だからこそ、ロンドンとチューリッヒの小鬼たちは、金に執着し、〈金の戦争〉を起こしたのである。

アメリカで起こったことがスイスでも起きた。学者たちが、スイス通貨の四〇%を金で裏付けるという規定を「過去の遺物」であると言いだした。アメリカの著名な経済学者の説と同じである。アメリカの経済学者たちはドルを無制限に印刷するのを経済の第一の法とすることを黙認した上で経済学を構築している。貨幣発行の制限を基にした経済学は存在しない。そのようなことを主張した学者はすべて、大学から、ジャーナリズムの世界から追放された。同じことが、スイスでも起こった。

スイス通貨の四〇%を金で裏付けるという規定は二五%までとなった。これはスイスに巣食うチューリッヒの小鬼たちのなせる陰謀であったにちがいない。すべての中央銀行から金を奪う作戦に例外はなかったのである。〈金の戦争〉の最終局面で、スイス国立銀行の金が狙われたのである。スイスの銀行が、BISと共謀してスイス国立銀行を乗っ取ったのである。

一九九九年九月二六日、「ワシントン合意」の中に一三〇〇トンのスイスの金が盛り込まれたことはすでに書いた。しかし、この時点でスイスの金売却を容認する法案は否決されていたのである。

スイスは金を売却する道を進んだ。そのつど金価格は下落していった。金デリバティブで苦境におちいっているウォール街のディーラー、ドイツ銀行などの救済に役には立った。そしてそれはまた、他の中央銀行の苦境をも救った。スイス国立銀行はほとんど金を失った他の中央銀行の代役をしたことになった。私はこのスイス国立銀行の代役ぶりに注目し、フランス中央銀行もほとんどの金を消失したと思っている。フランス中央銀行の金庫室の中にはノートがあるにちがいない。金の貸出ノートである。もう一冊、ノートがあろう。ブリオンバンクからの利息の返還のしるしである。

このスイスの金の売却はBISを通じて行なわれたにちがいない。スイスの金が市場に出るとすれば、金価格の上昇から債務不履行が大量発生するのを防ぐことができる。どうしてか。私がたびたび記したように、金デリバティブをしている連中の大多数は、金価格の下落に賭けているのだから。しかし、これも正確ではない。金価格の下落に金デリバティブを行使するように、ロンドンとチューリッヒの小鬼たちから無理やり仕向けられているということになる。読者は気づかないであろうか。スイス国立銀行の金も限度があるだろう、と。それがなくなった時はどうなるのか、と。

だから私は、ワシントン合意が〈金の戦争〉の終わりを告げる鐘の音だと書いたのである。一九九九年から五年間に二〇〇〇トンの金を中央銀行が市場で売りに出すという合意は、五年以内でこの戦争が終わらないと、中央銀行には金がなくなります、ということなのだ。

だから、五年以内に戦争が終わるように秘密裡の処理が進行していくのである。これも、一般の人々が知らない方法によって遂行されるのである。

その処理方法の一つがディス・インフォメーション（ニセ情報）を垂れ流すことである。ディス・インフォメーションの中で私は最も感心するのは、「アメリカがやがて金本位制を採用する」というものである。ドイツの三四〇〇トンの金を無断使用して使い切ったアメリカに金がほとんどないのは自明の理だ。しかし、この説はまことしやかに今も語り継がれている。いかなる秘密の処理方法がなされたのかを考えてみようではないか。

〈金の戦争〉の終わりを告げる鐘は誰がために鳴り響いたのか

「アメリカ経済繁栄の立役者」と評されるロバート・ルービンの『ルービン回顧録』から引用する。

私は、デリバティブもレバレッジもともに問題を引き起こしうると考えていた。シカゴ・オプション取引所の立ち上げに携わって以来、デリバティブには詳しかった。デリバティブはリスクを効果的かつ適切に管理する有効な手段であるが、金融システムが苦境に陥るとさらに問題を引き起こす。こうしたリスクを抑制する方法のひとつが、デリバティブの売り手と買い手のレバレッジを制限することである。人間の心理は暴走しやすいものだから、市場がときおり暴走するのは避けられないと考えたなら、少なくとも金融システムに及ぼすダメージを抑制しようと努めるべきだろう。

ルービンはゴールドマン・サックスのＣＥＯからクリントン政権に入り、財務長官を務めた。

ＬＴＣＭ破綻の処理やメキシコ経済危機の回避を担当した。「デリバティブの売り手と買い手のレバレッジ」の関係について書いている。

ルービンの書いている世界は、ウォール街でのことである。金デリバティブと金レバレッジの制限は決してなされなかった。「人間の心理の暴走」などという次元の問題ではなかった。金デリバティブの連中の主眼はあくまでもお金儲けであった。だが、彼らも途中で、レバレッジの連中が真剣に闘いを挑んできていることに気づいたのである。しかし、金先物取引をヘッジファンドした以上、レバレッジの挑戦から逃れることができなくなった。そして敗北の時を迎える。私はその時を一九九九年九月の「ワシントン合意」の時とした。その同じ年の九月に、チェース・マンハッタンとＪＰモルガンが合併している。

二〇世紀も最終盤となって、勝利と敗者がはっきりとしたのである。勝者と敗者がはっきりした二一世紀はどうなるのであろうか。

ここでもう一度、リップスへのインタヴュー録から引用する。リップスは「この世の終わり」を語っている。

ジム　今後についてどのようにお考えですか。米国の経済規模は今日一〇兆ドルです。この一〇兆ドルの中身を問題にする人もいます。債務は三〇兆ドルを大きく上回っています。私たちの不換紙幣は世界中に行き渡っていますが、金による裏付けはまったくありません。私たちは深刻な金融危機に向かって突き進んでいるのでしょうか。

リップス　そのとおり、そしてそれは無用のことである。ブレトン・ウッズ協定が崩壊した後、世界の金融システムを立て直す仕事は主に米国が担うことになったが、その理由はシャルル・ド・ゴールが言ったように「法外な特権」を享受できるからである。しかし、もちろん欧州もたいしたアイデアを出せなかった。ブレトン・ウッズの後、米国はその法外な特権をさらに大規模に駆使し、自己の銀行システムが無から通貨を捻《ひね》り出し、世界を買い占められるような状況を創り出した。シャルル・ド・ゴールの顧問をしていたフランスの著名なエコノミスト、ジャーク・リュエフが現在生きていたら、現状を見てびっくり仰天するだろう。ご覧のとおり、この世も終わりといったところである。

私はこのリップスの答えを読んで、ああ、やっぱりと思った。ロスチャイルドのエージェントは「この世の終わり」の意味を知っているのである。どうしてか。ブレトン・ウッズ体制の後にアメリカが「法外な特権」を享受したように、ロンドンとチューリッヒに巣食う国際通貨マフィアは、「金の独占化」によって、かつてのアメリカと同じように特権を享受するようになると言っているのだ。だから、「この世の終わり」が近々やって

クリントン政権の財務長官ルービン

くるとリップスは語っているのである。

もう少し、リップスの言い分を聞いてみよう。どうしてか。彼はロスチャイルドのエージェントであるからだ。

ジム　一つの動きが進行しているように思われます。とくにアジアでは、中央銀行は資産を米ドルからほかのもの、例えばユーロなどに多様化すべきだという提案を、ある大物の財政担当大臣がしています。私たちは結局のところ、ドルであろうと、不換紙幣というものはもともと不安定なものだということを納得し、金に戻っていくのでしょうか。

リップス　しかし、ユーロが現在強いのはドルが弱いことの反映だということをわきまえておくべきである。正直言って、ユーロという新機軸は当時の私にとって心地よいものではなかったが、今や非常に有益に思える。結局のところ、ドルが弱いために中央銀行は金に対する姿勢を再検討しなければならなくなるでしょう。

リップスが「ドルが弱いために中央銀行は金に対する姿勢を再検討しなければならない」に注目したい。これは、ロンドンとチューリッヒの小鬼たちが「各国の中央銀行の代理をする計画あり」ということであろう。どうしてか。「中央銀行は金に対する姿勢を再検討する」ための、そのそもそもの金をすでに失っているからである。

リップスは調子に乗って、〈金の戦争〉の勝利者たちのプランを語っているのである。ある時が来たら弱いドルに代わる紙幣が登場するであろう。その紙幣の保証を各国の中央銀行がロンドンとチューリッヒの小鬼たちの委託を受けてするであろう、とリップスは語っているのである。

そのようなことは可能なのか。私は「可能である」と考える以外に答えようがないのである。金を独占した者のみが持ち得る力が存在する。その力はドルやユーロを紙屑にすることができる、と私は信じている。

それでは金本位制なのか、と読者は問われるであろう。私は、肯定も否定もしない。金本位制は歴史が示すように失敗してきたのである。これほど経済が拡大し、通貨の量が莫大に増えた今となっては、いかに金の独占化を果たしたロンドンとチューリッヒの小鬼どもも、金本位制は維持できないであろう。

考えられる第一の手段は、ドルやユーロ、そして人民元と円の無価値化であろう。ではどうすればその無価値化がなされるのか、について考えてみるならば、答は容易に得られよう。アメリカという国家を破産させることである。

彼ら小鬼たちにとって、これは難しい問題ではない。彼らは金の独占化とともに、アメリカ国家の財務をはるかに超えるドルをも持っている。マネーロンダリングも彼らの独占である。

今、全世界のＧＮＰの五分の一に相当するドルがマネーロンダリングされていることはすでに書いた。この資金が動けば、アメリカはいつでも崩壊する。しかも、アメリカや世界の経済を崩壊させるシナリオは具体的に完成していると私は思っている。それはまた、〈金の戦争〉

が本当に終了する日ともなるのである。

読者は〈金の戦争〉について読みながら思わなかったであろうか。それは金の先物売りが終わる時である。いつの日かCOMEXが消える時である。それはまた、金デリバティブが消える時である。その時が来れば、金の価格を下げる要因が消えることになる。

私がこの文章を書いている今は、COMEXは存在している。しかし、金価格は上昇中である。もう決して一オンス二〇〇ドルや三〇〇ドル台をつけることはないであろう。一オンス七〇〇から八〇〇ドル台で推移している。金を下落させる要因がほぼ消えたのである。「ワシントン合意」の世界がやって来たのである。〈金の戦争〉の勝利者たちと敗者たちとの間に、なんらかの手打ち式があったと考えられるのである。

次項では、ヤクザもするという手打ち式に迫ってみようと思う。ヤクザの手打ち式では、敗者は小指をつめる。しかし、〈金の戦争〉では、敗者が金デリバティブのシステムをいかにして棄てていくかであろうと思われるのである。そのために勝者は敗者を救うべく手を差しのべた、と私は考えている。すなわち、秘密裡に巨額の金が勝者から敗者に流れたと思うのである。

この秘密に迫ることは困難である。しかし、この秘密に挑んでみることにしよう。

〈金の戦争〉はかくて終わった

〈金の戦争〉を仕掛けた勝者はまず何を考えるであろうか。それは、どこかの時点で先物売り、すなわち、COMEX市場をつぶすことを考えるであろう。

どうしてか。リアルな金を独占しても、バーチャルな金が動いていては、リアルな金の持つ本当の価値が減ずると考えるのは当然のことである。だが、いかに強力な組織を持っていようとも、これを一挙につぶすことは不可能であろう。一日に八〇〇トンから一〇〇〇トンを超えるバーチャルの金が取引されているのである。そこで、このCOMEXの機能を徐々に弱めていくことを次善の策として考えるのではないだろうか。

その次善の策として考えられたのが、金価格を操作して安値に設定し、空売りを繰り返す金デリバティブの力を殺《そ》ぐことであろう。

金デリバティブを繰り返してきたディーラーたちの弱体化を狙って、各中央銀行一五行による「ワシントン合意」を設定したのは、勝者の智恵であったろうと私は書いた。では、ここで問題が発生する。金デリバティブのディーラーたちを完全に敗北させていいのか、と勝者たちは考えなかったであろうか。私は、勝者たちは別の意味で、ヤクザが手打ち式をするように手打ち式をしたのでは、と思う。

まわりくどい言い方はやめよう。マネーが、金デリバティブを弱体化し、勝者の意向、すなわち金価格の確実な上昇を妨害しないために、導入されたと思うのである。もっと明確に書くならば、ある種の法を無視したマネーロンダリング後の大金が、勝者の暗黙の了承のもとに流れたと思うのである。では、考えられそうな例を挙げよう。

アメリカは、ドイツ連邦銀行がアメリカに預託してあった三〇〇〇トンを超える金を使った、と私は書いた。時価に換算してドルが支払われたであろうが、この事実は、二〇〇〇年九月、アメリカの金相場専門家、ジェイムス・タルクの発見によった。

約半分の一七〇〇トンは「金地金《じがね》準備」から「保管金」となり、そして「重備蓄金」と変更された。この名称の変更とともにドイツの金はアメリカにより使用されたものと考えられるのである。残りの半分は、アメリカが勝手にブリオンバンクに貸し出し、それを売却した事実をタルクは発見した。

このドイツ連銀の金が消えたことは、勝者と敗者の暗黙の了承のもとになされた、と私は思っている。すなわち、敗者たる金デリバティブのディーラーたちはドイツ連銀の金を秘密裡にアメリカ財務省から受け取り、金デリバティブの規模を縮小するために使ったと私は思っている。その時期はたぶん、一九九九年九月のある日の出来事であろうと。もっとはっきり書くならば、チェース・マンハッタンとＪＰモルガンの合併直前の出来事であろうと。「ワシントン合意」の前に、ドイツ連銀とアメリカ財務省はこの問題を話しあったであろうと、私は思っている。アメリカ財務省とＦＲＢはスイスにも話をもちかけたと思われる。ドイツ連銀はドイツ銀行が金デリバティブで倒産寸前であることを知る。裏を返せば、金デリバティブをつぶそうと、ロンドンとチューリッヒの小鬼たちが大量のドルを、この金デリバティブの市場に投入していたことが分かるのである。

しかし、この事実は誰一人として書く者がいない。しかし、その事実を知る以外に、チェース・マンハッタンやＪＰモルガン、ドイツ銀行、シュローダー銀行（イギリス）などの大手が倒産寸前にまで追い込まれたことを説明できないのである。ギリギリのところで、妥協がなされた。それが「ワシントン合意」であった。ドイツ連銀の金の半分がブリオンバンクに売却され、その金で大手銀行は倒産をまぬかれたのであろう。これは、一九九九年から、遅くとも二〇〇〇年初めの出来事である。

もう一つ、巨額のドルが二〇〇〇年から〇三、〇四年ごろにかけて使われたと思われる。どうしてか。二〇〇一年ごろから金の価格は安定しだし、徐々にではあるが上昇しだすからである。そのためには、金デリバティブのディーラーたちが、大きな赤字を出すことなく、静かに、金の先物市場から撤退していったとしか考えられない。この期間に、一九九九年~二〇〇〇年初頭にかけてよりももっと大きなドルが秘密裡に投入されたにちがいないのである。

では、その巨大なる金額のドルが、どこからやってきたのかを考えてみよう。私の推理はあるいは間違っているかもしれない。しかし、秘密のベールを開けるヒントにはなるであろう。

ブレディ債というものがある。簡単に説明する。

一九八九年三月、レーガン政権下のブレディ財務長官による民間銀行の債務削減構想からこの債権構想が生まれた。民間銀行がある国に投資し大きな債権をもつとする。その民間銀行を救うために、ＩＭＦは債務国が民間銀行に持つ債務を引き受ける。その債務の引き受けを債権証（証券のようなもの）を発行して処理する。その債権の証書に対し、アメリカ財務省が保証する、ということである。

もっと簡単に書くならば次のようであろう。

銀行や投資会社がある国に投資した。その国が支払い不能となった。銀行や投資会社はＩＭＦに支払い不能となった赤字分を埋め合わせてほしいと依頼する。だがＩＭＦは、一民間企業の埋め合わせはできない。そこでＩＭＦと民間企業はアメリカ財務省に相談した。ブレディ財務長官は「その赤字の国の債務を一つの証券にして一般投資家に売り出せ」と言った。債務はある程度カットされ、財務省がこの証券の保証をした。この程度の説明でどうであろうか。

このブレディ債は、当時の日本の大蔵大臣であった宮沢喜一の構想から生まれたと書いた本がある。しかし、その真偽は分からない。私は、このブレディ債が金デリバティブのために悪用されたのではないかと思っている。財務省の事前の承諾があれば、このブレディ債を作成し、一般の投資市場に売り出せるからだ。そのためにはＩＭＦを道連れにしなければならない。

ＩＭＦの専務理事は〈金の戦争〉の勝者たちの中から選ばれてきた、と私は書いた。ヤクザの手打ちならぬ、勝者と敗者の手打ちの場にふさわしいのがブレディ債であろうと思えるのだ。数々のブレディ債をＩＭＦと財務省の暗黙の了承で、否、保証のサインを得て（アメリカ財務長官とＩＭＦ専務理事の）、金デリバティブ中止用の証書がつくられた。不渡りを承知の上でである。支払い役はいつもアメリカ財務省であり、アメリカ財務省はＦＲＢと相談して特別のドルを印刷して渡すのである。ＣＩＡに特別仕立てをしてやるように。

ではここで、インターネット上に登場するブレディ債の一件を記す。私はこの一件に関する英文をたくさん読んだ。しかし、もう一つ信用できなかった。それでも、ブレディ債が間違いなく、金がらみで登場する。真偽を知る力を現在の私は持たない。さらに詳細を知りたい方はインターネットで英文を読まれるがいい。

その要点の部分を、リチャード・コシミズの『911自作自演テロとオウム事件の真相』から引用する。

WTC（ワールド・トレード・センター）の一〇一階から一〇五階に入居していたのが、カンター・フィッツジェラルド証券という債権ブローカーである。一〇〇〇人いた従業員のうち、七〇〇名近くが911攻撃で落命したという。さて、このカンター証券には、九月一二日に償還期限の来る、一二〇〇億ドル分のブレディ債券が保管されていたという。そして、その債券は、ビルごと「蒸発」した。また、WTCの地下には、一二〇〇億ドル相当分のブレディ債の担保にあたる金塊が保管されていたという。それらは、殆どが911当日朝までに運び出され、いまだに行方がわからないという（実際には、最初から金塊などなかったと推理するのが利巧かもしれない）。

リチャード・コシミズはこの事件について詳しく論じている。二〇〇一年九月一一日の事件の側面を見事に描いている。

ひょっとすると、このときの一二〇〇億ドルの未払いの金も、手打ち式のマネーでなかったかと思えてくる。どうしてか。この九・一一事件後、金価格は着実に上昇していくのである。

金デリバティブの姿が消えていくのだ。

私は、この事件を氷山の一角とする。このような不正なブレディ債がらみの事件がたくさんあったと思っている。ブレディ債でアメリカという国は銀行や企業の尻ぬぐいをさせられてきたのである。

このブレディ債が登場してから、アメリカの銀行が復活してくるのである。貧しい国を救済するために創設されたＩＭＦは結局のところ、銀行や企業のために貢献するのである。

終章◉

〈金の戦争〉後の世界を読む

「金を支配する者がルールをつくる」

ここでもう一度、ジムとリップスの質疑応答を引用する。

ジム　かつて「金《きん》を支配する者がルールをつくる」と言ったのはロスチャイルドでしたか。

リップス　そうだ。それは彼の発言だと思う。「中央銀行を支配する者が政治を支配する」。しかし、どちらも同じ意味だと思う。

私は世界のルールを作る者は誰かを書いてきた。そしてリップスが正直に語ったように、金を支配する者は中央銀行をも支配したのである。こうして〈金の戦争〉はほぼ終わった。しかし、この言葉は正確ではないのかも知れない。

二〇世紀には大きな世界大戦が二つ、勃発した。第一次世界大戦と第二次世界大戦である。そのような意味からすると、私が今まで書いてきた〈金の戦争〉は、より正確に書くなら〈第一次・金の戦争〉となろう。〈第二次・金の戦争〉は、本書が世に出た後の戦争となろう。では、その戦争とはどのようなものであろうか。私は経済学者や経済評論家のように、未来を予想したり、予言したりすることを好まない。しかし、少しだけ予想に近いことを書いて、筆を置きたい。そのためのデータもそろえてみたい。以下、箇条書きにする。

（一）金価格は確実に上昇しつづける。一オンス一〇〇〇ドルを超える日は近い。
（二）金の独占化に成功した勝者による世界の新しいルールづくりが始まっている。
（三）株式市場は大暴落した後、再度上昇することはない。ドルも同じである。
（四）アメリカに戒厳令が出て、アメリカ人は半ば奴隷となろう。

それでは個別に見ていこう。

（一）金価格は確実に上昇しつづける。一オンス一〇〇〇ドルを超える日は近い。

「ワシントン合意」が一九九九年九月に出来た。五年間での中央銀行の金の売却を二〇〇〇トンとした。かくて、二〇〇四年で、この各中央銀行の金放出は終わった。と同時に、中央銀行はスイス国立銀行とフランス銀行を残し、ほとんど金を失った。このことはすでに書いた。

ＩＭＦは二〇〇五年二月に残存の金を放出した。こうして、金デリバティブの世界も大幅に縮小するか、消えていったものと思われる。その間に勝者と敗者の手打ち式があった、と私は書いた。

では、金価格はどうなっていくのか——答はいたって簡単である。もう大きな障害物が消えたのである。金の価格においても、ロスチャイルドの言葉がそのまま通用する。「金を支配するものがルールをつくる」

二〇〇一年九月一一日の同時多発テロ事件の直前は一オンス二七一ドルであった。テロ直後に二九〇ドル台へと約二〇ドル上がった。しかし、あのテロ事件以降、金価格は、多少の上下差はあるけれども、堅実にというべきか、上昇をつづけている。それは、金デリバティブにおける勝者と敗者の関係がはっきりし、各中央銀行のブリオンバンクへの金の貸出が停まると、時を経ることなく、上場投資信託（ＥＴＦ）という新しい金融商品が登場した。

この内容はというと、一年間に四〇〇〇トンの金の需要をまかないます、というものである。そして、四〇〇〇トンをあるビルのある場所に、ちゃんと置いて公開しましょう、というのである。そしてその金を買ったら、その買った人の名義にし、場所を移します、というのである。

この四〇〇〇トンという量はとても凄い、の一言である。二〇〇七年分は、四月中旬の時点で残高が六六〇トンであるという。金価格は二〇〇七年三月上旬に一オンス六三〇ドルに、五月には七〇〇ドルに上昇した。

私はこのＥＴＦは売り手と買い手が完全に一体となっていると思っている。毎年四〇〇〇トンの金を用意できるというのも異常である。金価格が上昇し金の生産高が二五〇〇トンになろうとも、メタル、金貨、金地金はせいぜい五〇〇トン未満である。この五〇〇トンは世界中の貴金属会社が扱っている。ということは、一〇〇〜一五〇トン入手できれば最高となる。それを毎年四〇〇〇トンも供給するというのである。

21世紀になってからの金価格の推移

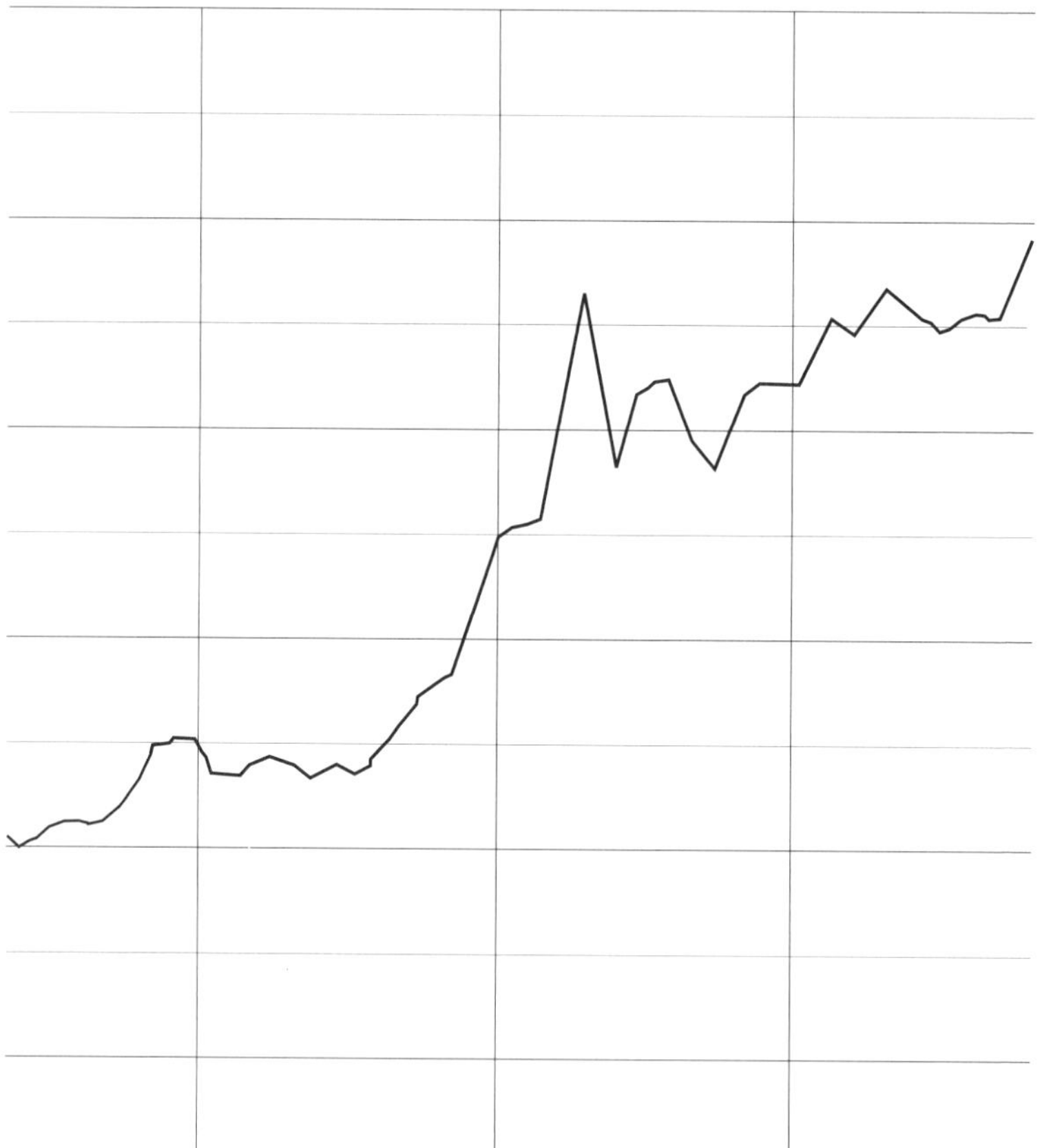

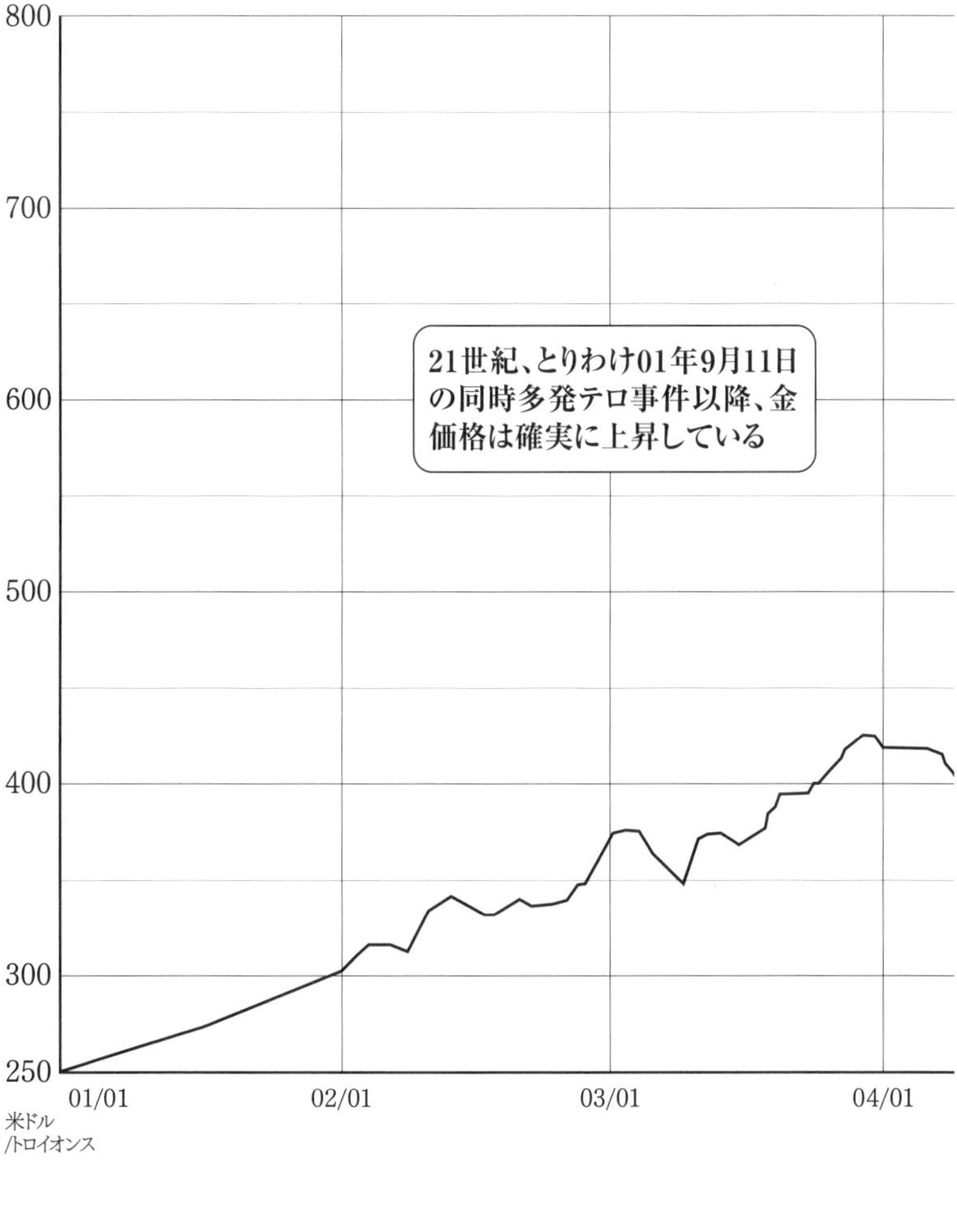
800
700
600
500
400
300
250
21世紀、とりわけ01年9月11日の同時多発テロ事件以降、金価格は確実に上昇している
01/01
02/01
03/01
04/01
米ドル
/トロイオンス

日本でも二〇〇七年八月一〇日からＥＴＦ（金価格連動型上場投資信託）が大阪証券取引所に上場された。しかし、この大証の金ＥＴＦは現物の金と交換することができない。東京証券取引所も金ＥＴＦの上場を検討しているという。東証は大証と異なり、現物の金と交換できるタイプのＥＴＦの上場を目指しているという。

エコノミスト誌（二〇〇七年八月七日号）に、英金属調査会社ゴールド・フィールズ・ミネラル・サービスのフィリップ会長の談話が載っている。

金は一オンス八六九ドルの過去最高値を更新する可能性がある。今年（二〇〇七年）の第二・四半期は中国の宝飾需要が旺盛で金消費が好調、高値でも消費が増えた。第四・四半期に七〇〇ドルへ上昇する可能性がある。

金価格は間違いなく上昇する。これは私の予想でもなんでもない。一オンス一〇〇〇ドルは確実に超える。

では、どこまで上昇するのか。これは国際通貨マフィアが考えることである。金ＥＴＦを考えだした、ロンドンとチューリッヒの小鬼たちは、次なる手を用意しているであろう。その一つが先物取引の停止であろう。金価格が小鬼たちにより一方的に通告されるのである。ここでもロスチャイルドの言葉が応用できる。「金を支配するものがルールをつくる」

（二）金の独占化に成功した勝者による世界の新しいルールづくりが始まっている。

このことは自明の理である。金の独占化をほぼ達成したロンドンとチューリッヒの小鬼たちは、新しい通貨システムの研究に入っていることは間違いのない事実である。

ロンドン・エコノミスト誌の一九八八年一月九日号に、「世界通貨の実現へ、準備は完了した」という題名の、次のような論文が掲載された。

アメリカ人、日本人、ヨーロッパ人、そしてその他の多くの金持ち国の人々、そしてさらに若干の比較的貧しい国の人々は、同一の通貨で買い物をするであろう。その価値は、ドル、円、ドイツ・マルクなどでは表現されないであろう。それは「フェニックス」で計算される。フェニックスは、今日の通貨よりも便利なので、企業や消費者に好まれるであろう。その通貨は三〇年以内に登場するであろう。

このロンドン・エコノミスト誌の記事は一九八八年に出たものである。するとあと一〇年以内に、この通貨が登場するのであろうか。その可能性は大である。二〇世紀のある時点で〈金の戦争〉という名の秘密戦争を仕掛けたときから、世界を支配するグランドデザインが出来ていたはずである。そのグランドデザインの中心に位置づけられていたのが〈金の戦争〉であった、ということになる。

私は新しい通貨（フェニックスという名称かどうかは別にして）は、スイスの国際決済銀行（ＢＩＳ）で研究され、一部はすでに印刷されているのではないか、と思っている。新しいＢＩＳ規制が通貨と結びつくのである。

私たちはＢＩＳの恐ろしさを思い出さねばならない。バブルの崩壊はＢＩＳ規制によったと私は書いた。ＢＩＳはＩＭＦと結託して世界を裏から動かしてきた。新ＢＩＳ規制が二〇〇七年の三月から導入された。日本を根底から揺さぶる規制をＢＩＳが一方的に決めた。

私は幾度も書いた。ＢＩＳは一民間銀行であると。しかし、今やＢＩＳは世界の中央銀行といわれるようになった。そして、各国の根底から、国のエネルギーを殺《そ》ぐべく爆弾を投げ込んできた。朝日新聞（二〇〇七年五月一日付）を見ることにする。

> 金融機関の資産や負債のリスクを、より厳格にみる国際決済銀行（ＢＩＳ）の新しい自己資本比率規制（新ＢＩＳ規制）が〇七年三月期から導入され、中小金融機関に不安が広がっている。これまでリスクがない資産として金融機関が買い増してきた国債の扱いが、一転して金利変動リスクの高い資産に変わったのだ。「国債問題」は、今年一〇月に民営化が始まる日本郵政にも重い課題になる可能性がある。

今までは、国債や地方債はＢＩＳ規制では「リスクがゼロ」で計算できた。しかし、新ＢＩ

S規制では、金利が急上昇すると、国債の利回りと預金金利とが「逆ざや」になる恐れがあるとして、保有する国債の金利リスク（損失）の計算が義務付けられたのである。これは信用金庫などに国債を買わせないようにするＢＩＳの悪企《わるだく》みである。

ＢＩＳはついに、その醜悪な正体を現わしたのである。それは裏を返せば、金を独占したチューリッヒの小鬼たちの将来への布石の一つである。

この新ＢＩＳ規制を黙って受け入れることは、日本という国の破滅が近いということを意味する。しかし、日本国民の何人《なんぴと》もこのＢＩＳの暴挙に抗議の声ひとつ上げないのである。

新しい通貨づくりの一つの布石が、新ＢＩＳ規制であることを認識し、一民間銀行の暴挙に挑戦すべきである。ロンドンとチューリッヒの小鬼たちは次々と手を打っている。新しい通貨を流通させるために、ＢＩＳが動きだしている。

（三）株式市場は大暴落した後、再度上昇することはない。ドルも同じである。

これは単純な真実であり、予想とかいう類《たぐい》のものではない。彼らはチャンスの到来を待っている。チャンスがやって来ない時は、彼らはそれとなく仕掛けの矢を放つであろう。ただ、それだけのことである。

チャンスを待つという意味を考えれば、この謎は解ける。金の独占化を完成した今、彼らはグランドデザイン構想をも完成しているはずである。

大暴落の演出も簡単である。例えば、D・E・ショウといわれる、マンハッタン中心街にあるトレーディング・ルームをちょっと思い出すだけで、大暴落の演出が可能であることが理解できる。ここには多くのコンピューター・トレーダーたちがいる。彼らが運用する一日の外国為替は二九〇億ドルである。もし、彼らの一人がコンピューター上の数字をほんの少しだけ、故意か、故意でなくとも間違えて操作したら、間違いなく大暴落がやってくる。私たち人間はそんなあやうい世界の中で生きている。しかし、何もしなくても、アメリカの大赤字の経済があと数年で株式市場の大恐慌、そしてドルの大暴落を引き起こすことは、経済をまったく知らない人でも理解できる。

そして、その時、何が起こるのか。ロスチャイルドの言葉が現実化するのである。

「金を支配する者がルールをつくる」

多くの人々がこのルールの下で生きていくようになる。反乱が起きないのか。民衆は騒がないのか。たしかに反乱は起きる。暴動が起きる。だからこそ、ロンドンとチューリッヒの小鬼たちは、ザ・グループの中枢にいる人々は、その対策をもほぼ完成させているのである。アメリカがその反乱と暴動の中心となろう。彼らは、三〇年以上にわたって着々とその対策を練り上げてきたのである。

(四) アメリカに戒厳令が出て、アメリカ人は半ば奴隷となろう。

九・一一テロの数日前からテロ対策の訓練をし、テロが発生してWTタワーが崩壊すると、人命救助を一切せず、鉄骨の屑をトラックに積み、港に直行して船に載せ中国へと運んだ軍隊のような組織があった。この実行部隊がFEMA(連邦緊急事態管理庁)である。私は、ブレディ債券が消えたことを書いた。あの時、ビルの地下に金が貯蔵されていることになっていた。FEMAは鉄骨とともに人間の死体だけを残して金塊を運び去った(実際には金はなかったかもしれない)。

このテロは国際テロリズムの存在をはっきりと証明した。私たちは、世界の秩序を不安定にし、その中で利益を得る政界と財界のサークルがあるのを見た。私たちは中央銀行の総裁たちを脅し(説得し)、金をデリバティブの世界に導いた者たちの存在を知った。

九・一一テロが国際的レベルの巨大資本と利益が一致するのを見た。また、私たちは、多国籍マフィアと国際的寡頭支配集団が、この地球の天然資源を掠奪しているのを、金を中心に見てきた。彼らが、彼らに立ち向かう敵を定義不明の戦いの方向へ向けるのを見てきた。

彼らが、ユダヤの陰謀、フリーメーソン、サタニストの陰謀という言葉を創造し、彼らの金の戦争を隠す手段としたのも、私たちは見てきた。私たちは、彼らのディス・インフォメーション（偽情報）に踊らされつづけて生きてきた。ＦＥＭＡはアメリカ国内に数百万人を収容できる施設を持っている。彼ら反逆分子を運ぶ収容列車も持っている。アメリカ人以外の雇兵も数十万単位で用意している。

ブッシュ大統領は二〇〇六年三月、愛国者法にサインした。大統領の判断で、敵性戦闘員を無期拘束するというものである。

金融パニックを想定し、プログラムが完成している。その中心にＦＥＭＡが存在する。

エピローグ——水の経済学を想う

私は〈金の戦争〉について書いてきて、思いつづけたことがあった。それは、金とは何だろう、金はそんなに貴重なのか、という素朴な疑問であった。

日本政府はアメリカ政府の進言をいれて、金を買わなかった。たった七百数十トン持っているだけである。だから、〈金の戦争〉に日本銀行は参入しなかった。この戦争に参加しなかったがゆえに、現在ではひょっとすると日本は、アメリカやドイツよりも金をたくさん持っているのかもしれない。

私はこの本を書くにあたり、アメリカの経済学者の本をかなりたくさん読んだ。不思議だった。ノーベル賞クラスの経済学者はほとんど金について書いていない。金本位制の歴史について触れている本はあったが、表層的な見方であった。私はまた、デリバティブの本も十数冊は読んでみた。しかし、私はこれらの本を読めば読むほどに信じられなかった。デリバティブという言葉が氾濫するのに、金デリバティブという言葉に一度も会えなかった。

否、それは偽りであろう。ただ一冊の本だけが金デリバティブについて書いていた。それがリップスの『ゴールド・ウォーズ』であった。

私は確信した。日本人の学者は無知から書かなかったのであろうが、アメリカの経済学者やマスコミは故意に、金デリバティブという言葉とその意味するところを避けている、と。

私は一つのことを考えていた。金よりも貴重なものが、この世に存在するのではないか。もし存在するとしたら、その存在こそが経営学の中心テーマとなるべきではないのかと。そして、私はついに、と言うべきか、その存在が〝水〟であると確信した。

日本人は、水の経済学を打ち立て、水をもって、ニュー・ゴールドにすべし、と思った。私は水について思い巡らしている。水を中心にした経済学を考えている。今はここまでにしたい。いつの日か、私は「水の経済学」を世に問いたい。金を中心にした西洋経済学にうんざりしたせいかもしれない。「金を支配する者がルールをつくる」という経済と唯一対抗できるのが「水を支配する者がルールをつくる」経済学だと思うからである。

「水に流す」という言葉がある。黄金を水に流すのである。貪欲な、お金儲けを最優先する経済学を、水でもって流すのである。生きていく上では黄金などなくても生きていける。だが、水がなければ生きてはいけないではないか。

この単純な定理を唯一の基礎として、水の経済学は成立すると思う。黄金の力で世界を征服できると信ずる者たちよ、腐りきった水を飲んで生きるがいい。これが、この本を書いて、私がついに獲得した真理である。

◉引用文献一覧

『いまなぜ金復活なのか』フェルディナント・リップス、大橋貞信／訳、徳間書店、二〇〇六
『世界権力構造の秘密』ユースタス・マリンズ、天童竺丸／訳、成甲書房、二〇〇七
『ニクソン回顧録（一・二・三）』リチャード・ニクソン、松尾文夫＋斉田一路／訳、小学館、一九七八～七九
『強い円、強い経済』速水優、東洋経済新報社、二〇〇五
『マッド・マネー』スーザン・ストレンジ、櫻井公人＋櫻井純理＋高嶋正晴／訳、岩波書店
『アメリカの経済支配者たち』広瀬隆、集英社、一九九九
『ゴールド・ディーリングのすべて』池水雄一、神保出版会、一九九三
『Ｇｏｌｄのすべて』日本経済新聞社＋日経産業消費研究所共編、紀伊國屋書店、一九九二
『ザ・ニュー・ワールド・オブ・ゴールド』ティモシー・グリーン、ワーカー・アンド・カンパニイ、一九八四
『赤い楯』広瀬隆、集英社、一九九一
『ゴールド』ピーター・Ｌ・バーンスタイン、鈴木主税／訳、日本経済新聞社、二〇〇一
『ロスチャイルド自伝』ギー・ド・ロスチャイルド、酒井伝六／訳、新潮社、一九九〇
『人間が幸福になる経済とは何か』ジョセフ・Ｅ・スティグリッツ、鈴木主税／訳、徳間書店、二〇〇三
『世界に格差をバラ撒いたグローバリズムを正す』Ｊ・Ｅ・スティグリッツ、楡井浩一／訳、徳間書店、二〇〇六
『ドル覇権の崩壊』副島隆彦、徳間書店、二〇〇七
『ザ・マネー』アンソニー・サンプソン、小林薫／訳、全国朝日放送、一九九〇
『富のピラミッド』レスター・Ｃ・サロー、山岡洋一／訳、ティビーエス・ブリタニカ、一九九九
『米銀の復活』御代田雅敬、日本経済新聞社、一九九四
『ＮＨＫスペシャル・いま世界が動く③』中谷巖＋ＮＨＫ取材班、日本放送出版協会、一九九一
『金の魅力、金の魔力』奥山忠信＋高橋靖夫、社会評論社、二〇〇二
『ユダヤ商法と華僑商法』宮崎正広、オーエス出版社、二〇〇二
『ＬＴＣＭ伝説』ニコラス・ダンバー、寺澤芳男／監訳、東洋経済新報社、二〇〇一
『レッド・マフィア』ロバート・Ｉ・フリードマン、中島由華／訳、毎日新聞社、二〇〇一
『ロシア・マフィアが世界を支配するとき』寺谷弘壬、アスキーコミュニケーションズ、二〇〇二

『ルービン回顧録』ロバート・E・ルービン＋ジェイコブ・ワイズバーグ、古賀林幸＋鈴木淑美／訳、日本経済新聞社、二〇〇五
『911自作自演テロとオウム事件の真相』リチャード・コシミズ、自費出版、二〇〇六

◉主要参考文献一覧

『金（ゴールド）が語る20世紀』鯖田豊之、中公新書、一九九九
『金の時代金の世界』長谷川慶太郎、ダイヤモンド社、一九九一
『貨幣の謎を解く』降旗節雄、白順社、一九九七
『円・ドル・金』荒木信義、日本関税協会、一九八六
『通貨危機の政治経済学』上川孝夫＋新岡智＋増田正人編、日本経済評論社、二〇〇〇
『現代史』ポール・ジョンソン、別宮貞徳／訳、一九九二
『ソロスの資本主義改革論』ジョージ・ソロス、山田侑平＋藤井清美／訳、日本経済新聞社、二〇〇一
『FRBの政治学』デビット・M・ジョーンズ、橋本孝久／監訳、日本経済新聞社、一九九一
『大暴落』マーティン・メイヤー、斉藤清一郎＋阿部司／訳、ダイヤモンド社一九八九
『デリバティブの非情な世界』リチャード・トムソン、前田俊一／訳、ティビーエス・ブリタニカ、一九九九
『天才たちの誤算』ロジャー・ローウェンスタイン、東江一紀＋瑞穂のりこ／訳、日本経済新聞社、二〇〇一
『グローバリゼーションとIMF・世界銀行』毛利良一、大月書店、二〇〇一
『マネークライシス・エコノミー』原田和明＋宿輪純一、日本経済新聞社、一九九九
『アメリカ経済終わりの始まり』松藤民輔、講談社、二〇〇六
『グリーンスパンの嘘』ラビ・バトラ、ペマ・ギャルポ＋藤原直哉／訳、あ・うん、二〇〇五
『強奪されたロシア経済』マーシャル・I・ゴールドマン、鈴木博信／訳、日本放送出版協会、二〇〇三
『*Memoirs*』David Rockefeller, Random House Inc, 2002
その他、朝日新聞、日本経済新聞等の各紙

◉著者について

鬼塚英昭（おにづか　ひであき）

ノンフィクション作家。1938年大分県別府市生まれ、現在も同市に在住。国内外の膨大な史資料を縦横に駆使した問題作を次々に発表する。昭和天皇の隠し財産を暴いた『天皇のロザリオ』、敗戦史の暗部に斬り込んだ『日本のいちばん醜い日』、原爆製造から投下までの数多の新事実を渉猟した『原爆の秘密［国外篇］』『原爆の秘密［国内篇］』を刊行。また現代史の精査の過程でサブプライム恐慌の本質を見破り、独自の視点で真因を追究した『八百長恐慌！』、トップ企業を通して日本経済を襲う大津波を描く『トヨタが消える日』、近未来の世界経済を展望する『ロスチャイルドと共産中国が2012年、世界マネー覇権を共有する』（上記いずれも小社刊）で経済分野にも進出した、今もっとも刺激的な書き手である。

日経新聞《にっけいしんぶん》を死《し》ぬまで読《よ》んでも解《わか》らない

金《きん》の値段《ねだん》の裏《うら》のウラ

◉著者

鬼塚英昭《おにづかひであき》

◉発行日

初版第1刷　2007年11月30日
初版第5刷　2009年12月20日

◉発行者

田中亮介

◉発行所

株式会社 成甲書房

郵便番号101-0051
東京都千代田区神田神保町1-42
振替00160-9-85784
電話 03(3295)1687
E-MAIL mail@seikoshobo.co.jp
URL http://www.seikoshobo.co.jp

◉印刷・製本

中央精版印刷 株式会社

Printed in Japan, 2007
ISBN978-4-88086-222-4